NAGARJUNA

CARTA A UM AMIGO

NAGARJUNA

CARTA A UM AMIGO

Com o comentário do Venerável Rendawa, Zhön-nu Lo-drö

Traduzido do original tibetano para o inglês pelo **Gueshe Lobsang Tharchin** e **Artemus B. Engle**

Traduzido para o português por **Manoel Vidal**

Título original: Letter to a Friend

Revisão técnica: Collaço Véras
Copidesque: Graciela Karman
Revisão de provas: Lucia Benfatti Marques
Glossário de termos sânscritos: Lia Diskin
Capa: Takeshi Assaoka e Gisele Tanaka
Editoração eletrônica: Roberto Sanz

Composição e impressão
Gráfica Palas Athena

Dados Internacionais de Catalogação na Publicação (CIP)
(Câmara Brasileira do Livro, SP, Brasil)

Nagarjuna, séc. II
Carta a um amigo: com o comentário do Venerável Rendawa, Zhön-nu Lo-drö / Nagarjuna; traduzido para o português por Manoel Vidal. -- São Paulo: Palas Athena, 1994.

"Traduzido do original tibetano para o inglês pelo Gueshe Lobsang Tharchin e Artemus B. Engle."

1. Ética budista 2. Filosofia budista 3. Madhyamika (budismo) 4. Sacerdotes budistas 5. Vida religiosa (budismo Mahayana) I. Título.

94-0981 CDD-294.3444

Índices para catálogo sistemático
1. Vida religiosa: Budismo 294.3444

ISBN 85-7242-007-X

Direitos adquiridos para a língua portuguêsa pela
EDITORA PALAS ATHENA
Rua Leôncio de Carvalho, 99 - CEP 04003-010 - São Paulo - SP
Fones: (011) 288.7356 e 283.0867
1994

ÍNDICE

NOTA À EDIÇÃO EM INGLÊS

O *Tengyur* tibetano (*Coletânea dos Sastras Traduzidos*) contém mais de cem títulos atribuídos à pena do Ācārya Nagarjuna, muitos dos quais alcançaram alto grau de popularidade no Tibete, servindo de base e parâmetro para o desenvolvimento das quatro grandes tradições do budismo tibetano.

Um dos mais pragmáticos e profundos é o *Suhṛllekha*, ou *Carta a um Amigo*. O fato de ter suscitado dezenas de comentários, uns mais, outros menos extensos, escritos ao longo dos séculos por lamas cultos de todas as escolas, mostra claramente sua importância na tradição tibetana.

Estes comentários, de modo geral, não apresentam diferenças radicais na interpretação do texto-base; antes, como o texto-base apresenta toda a visão, atividade e meditação que compõem o caminho da iluminação, tais comentários apenas ressaltam e elucidam aspectos específicos da *Carta*.

Este volume contém o comentário do mestre Rendawa, um dos maiores lamas da tradição Śākya, que transmitiu ensinamentos durante o final do século XIV e início do XV. Dado que o comentário de Rendawa apresenta uma interpretação geralmente aceita por todas as tradições tibetanas, espera-se que sua publicação em língua inglesa possa ser de especial valia para todos os alunos e estudiosos do budismo tibetano. Nossas congratulações aos tradutores Gueshe Lobsang Tharchin e Artemus B. Engle, tanto por seus esforços quanto pela clareza e simplicidade do texto.

Gyatso Tsering
Diretor da Biblioteca de Obras e Arquivos Tibetanos
Dharamsala, 14 de abril de 1980

PREFÁCIO À EDIÇÃO EM INGLÊS

A excelente instrução conhecida como *Carta a um Amigo* foi transmitida ao Rei Dechö Zangpo pelo Ācārya Nagarjuna, a quem o Buda, em uma de suas predições, se referiu como aquele que iria disseminar os ensinamentos da tradição Mahayana. Essa profecia é encontrada em obras como o *Sutra da Jornada a Lanka* e o *Tantra Fundamental de Mañjuśrī*.

Este comentário à obra de Nagarjuna foi composto pelo venerável mestre Zhön-nu Lo-drö, Kumāra Mati, que apreendeu integralmente os pontos cruciais da palavra do Buda, e sua fama refulgiu, desde essa época, com grande brilho.

O comentário foi traduzido para o inglês pelo Gueshe Lobsang Tharchin, que completou seus estudos no Tibete. Ali foi aluno de respeitados mestres e eruditos. Ao longo dos muitos anos que passou na Faculdade Mä, em Sera — uma das três maiores universidades monásticas do Tibete —, dedicou-se ao estudo de um sem-número dos principais clássicos do budismo.

A publicação da *Carta* e seu comentário foi preparada pela Biblioteca de Obras e Arquivos Tibetanos, visando o interesse do público em geral, o que inclui pessoas de outras nacionalidades, que nas últimas décadas vêm se aproximando da tradição budista. Minha prece e minha esperança são que este trabalho possa propiciar sentimentos de alegria, paz e felicidade, tanto temporais quanto supremos; que ele possa ajudar os seres de todo o mundo, independente de sua nacionalidade, a adquirir os olhos límpidos da sabedoria — o caminho excelente para os estados mais elevados e para o perfeito bem.

Lobsang Yeshe, o Tulku Yongzin Trijang,
Tutor Júnior de Sua Santidade o Dalai Lama
Dharamsala, agosto de 1979

PREFÁCIO À EDIÇÃO BRASILEIRA

Ler o texto traduzido nestas páginas é entrar em contato com uma das maiores mentes budistas que já existiram. Nagarjuna, o autor de *Carta a um Amigo*, viveu no segundo século da nossa era e é considerado um dos maiores "revitalizadores" da forma de budismo conhecida como Mahayana, praticada hoje na maioria dos países do Norte e Leste da Ásia. O Mahayana, ou "Grande Veículo", é uma forma de budismo que enfatiza a necessidade de nos tornarmos responsáveis pelo bem-estar e, em última instância, até pela iluminação dos outros. O desenvolvimento dessa atitude altruísta — de nos tornarmos responsáveis pelo bem-estar espiritual de todas as formas de vida do universo — não é algo que possa ser desenvolvido da noite para o dia; a transformação do universo em um reino iluminado de felicidade para todos os seres, tampouco é uma visão que se atinge com facilidade. Somente percorrendo um longo e árduo caminho de purificação espiritual é que a mente poderá ficar livre dos obstáculos que impedem o aparecimento do altruísmo, e somente através de uma persistente prática é que poderemos atingir o mais alto estado de perfeição humana conhecido como iluminação — estado que nos permite ajudar os outros com verdadeira eficácia.

A *Carta* de Nagarjuna, escrita como conselhos a um rei, coloca de forma simples, de fácil compreensão, a essência da prática budista, o caminho que leva à purificação da mente. Nagarjuna reintroduziu no budismo indiano, através de obras como esta, a doutrina do altruísmo e os métodos para gerá-lo e praticá-lo. O outro lado da moeda desse método denomina-se "sabedoria" ou *gnôsis*, a compreensão da verdade definitiva conhecida como "vacuidade". O restabelecimento da tradição filosófica provocado pela Escola do Caminho do Meio (Madhyamika) — escola que apresentou a teoria e a prática da vacuidade — foi outra grande contribuição de Nagarjuna. Segundo a tradição, foi o próprio Buda que ensinou originalmente o Mahayana, o caminho do *bodhisattva* com suas doutrinas do método compassivo e da perfeita sabedoria. Uma vez que o mundo não estava maduro para esses ensinamentos, eles foram ocultados, e foi Nagarjuna quem os reintroduziu no século II. Assim, a importância desta obra, como uma das primeiras e mais profundas do budismo Mahayana, é inestimável.

Apesar de sua profundidade, a obra é acessível. É talvez a mais acessível entre os escritos de Nagarjuna. Foi composta em forma de versos à maneira de conselhos a um rei indiano que, como o homem e a mulher ocidentais modernos, não tinha nem tempo nem paciência para reflexões filosóficas elevadas. Neste sentido, a obra é particularmente importante para aqueles que fazem parte da cultura euro-americana do século XX. Porém, apesar dos muitos pontos de relevância, apesar das muitas instâncias em que certos conselhos encontram eco em preocupações modernas, deparamo-nos com constantes lembretes de que o texto foi escrito em uma cultura diferente, em uma época distante. Minuciosas descrições dos sofrimentos nos vários infernos e uma aparente atitude misógina para com a mulher e seu corpo, confrontam-nos com a realidade da distância temporal e geográfica entre nós e o texto.

É claro que devemos levar em conta o contexto onde estão inseridas tais limitações; precisamos entender, por exemplo, a cosmologia adotada por Nagarjuna — um universo de seis reinos considerados efeitos diretos da ação moral (virtuosa e não-virtuosa). Um universo assim é muito diferente daquele postulado pela moderna cosmologia ocidental. Porém, a simples compreensão de que essa era a visão do universo que tinha Nagarjuna, já é meio caminho andado no sentido de minorar algumas das discrepâncias que percebemos na sua descrição dos vários estados de existência.

A atitude para com a mulher e seu corpo deve ser contextualizada de forma semelhante. Para o budismo, o problema espiritual mais básico que enfrentamos não é a mulher ou o homem — é o desejo. O budismo é bastante explícito ao afirmar que a consumação do desejo sexual, através do orgasmo, é considerada a felicidade mais extasiante no plano de existência que habitamos. Tendo em vista que tanto o Buda quanto Nagarjuna e o rei para quem escreve são homens, e considerando que o principal objeto potencial de desejo é a mulher, Nagarjuna prescreve ao rei determinadas meditações que servem de antídoto ao surgimento do desejo. Se a obra tivesse sido escrita como conselhos a uma rainha, caberia sem dúvida ao corpo do homem ser caracterizado como "repugnante". Isto não significa que homens e mulheres sempre foram considerados iguais na história do budismo. Como na maioria das religiões do mundo, as estruturas do poder no budismo institucionalizado promoveram freqüentemente a opressão da mulher. Isto não pode ser negado. Mas como budista, acredito firmemente que tal opressão não é endêmica no budismo, que é erradicável, e que todos os budistas têm a incumbência de lutar contra a misoginia e a desigualdade onde quer que existam.

Ainda assim, apesar de minha argumentação para que a *Carta* de Nagarjuna seja contextualizada, apesar de minhas tentativas nesse sentido, alguns leitores considerarão certas partes do texto inaceitáveis, e isso é ótimo. Manter uma atitude aberta porém crítica em relação à obra, é tudo o que podemos esperar, e é algo que o próprio Nagarjuna aplaudiria. Como disse o Buda certa vez, "minha doutrina deve ser aceita somente depois de cuidadosamente examinada, e não apenas por reverência a mim". Portanto, *seja* crítico! Questione o que Nagarjuna tem a dizer! Debata com ele! E, conforme o Dalai Lama tem declarado repetidamente, "se existe algo de útil para você, tome-o e pratique-o; quanto ao resto, deixe-o de lado". Como estudioso da obra de Nagarjuna há quinze anos, posso garantir ao leitor que todo esforço aplicado para compreender o pensamento deste sábio será mil vezes recompensado.

José Ignacio Cabezón
Iliff School of Theology
Denver, Colorado, agosto de 1991

SOBRE A TRADUÇÃO DA VERSÃO TIBETANA PARA O INGLÊS

Nesta tradução foram utilizadas duas edições da *bShes-pa'i springs-yig* tibetana, juntamente com o comentário do Venerável Rendawa. A primeira, impressa em xilografia, compõe-se de 66 fólios e não traz nenhum dado sobre sua publicação. A segunda, editada por Rang-dbang Printers, de Darjeeling, Índia, em 1961, em brochura, com 175 páginas, é grafada em escrita *dbu-med.* O Gueshe Lobsang Tharchin e seu aluno norte-americano Artemus Engle concluíram a tradução para o inglês e acrescentaram as biografias de Nagarjuna e do Venerável Rendawa, compiladas pelo Gueshe Tharchin a partir de fontes tradicionais.

O Gueshe Tharchin nasceu em Lhasa, Tibete, em 1921. Aos oito anos, ingressou na Câmara rGyal-rong da Faculdade de Mä, no grande Monastério de Sera. Foi ordenado monge pelo XIII Dalai Lama, e dedicou 24 anos a exaustivos estudos de todos os ramos da tradição Sutra budista. Sua dedicação teve seu coroamento quando foi um dos poucos integrantes de sua turma a receber o cobiçado título de *dge-bshes* [gueshe], após debates finais e exames orais. A seguir, no festival anual de orações de Lhasa, ele distinguiu-se entre os *dge-bshes* ao ganhar um dos títulos *lha-ram-pa*, conferidos pelo governo do Tibete a um restrito número de estudiosos que se destacavam em debate aberto e dialética, conduzidos por uma plêiade dos maiores pânditas do país. Entre os *lha-ram-pa dge-bshes*, ele recebeu as mais altas honrarias, e assegurou seu lugar no grupo admitido na Faculdade Tântrica de *rGyud-smad.*

Destacando-se igualmente em seus estudos tântricos, o Gueshe Tharchin foi indicado para liderar a faculdade durante certos rituais, completando seus estudos em cinco anos. Nessa ocasião, foi escolhido para ingressar na carreira administrativa que o levou aos mais altos postos acadêmico-monásticos do Tibete.

Pouco depois, por ocasião da invasão do Tibete pela China Comunista, durante a tomada de Lhasa, o Gueshe Tarchin escapou dos chineses cruzando a fronteira para a Índia em 1959. Na Índia, por indicação de Sua Santidade o Dalai Lama, assumiu a responsabilidade pela instrução religiosa dos alunos que freqüentavam as escolas centrais para tibetanos, localizadas em Simla e Mussoorie. Nessa função, o Gueshe Tharchin auxiliou enormemente na difusão da palavra do Buda, ensinando pessoalmente uma grande quantidade de matérias, conferindo votos de noviço a jovens que hoje representam parte importante dos monastérios tibetanos reassentados na Índia e compondo tratados sobre questões fundamentais das ciências sacras e seculares. Estes últimos foram publicados como manuais escolares, agora adotados em escolas tibetanas e, entre outros lugares, nos Estados Unidos, pelos alunos do Gueshe Tharchin.

Após gestões feitas junto ao Dalai Lama por pessoas interessadas dos Estados Unidos, o Gueshe Tharchin concordou em pregar o Darma naquele país, onde chegou em abril de 1972, para um breve período de ensino. Por três anos, transmitiu extensos ensinamentos orais a seus alunos na região leste dos Estados Unidos. Elaborou, com seu tradutor Artemus Engle, versões inglesas de textos tibetanos sobre diversos assuntos, desde gramática (*A Guirlanda Preciosa de Pérolas — o Colar dos Sábios:* uma explanação do *Sum-cu-pa* e do *rTags-kyi 'jug-pa*) até filosofia (o autocomentário ao *Abhidharmakośa*, do Ācārya Vasubandhu) e, ainda, as "seis perfeições" (o *Bodhicāryāvatāra*, de Śāntideva).

Ao se aproximar a data de retorno do Gueshe Tharchin à Índia, uma delegação de Rashi Gempil Ling, primeiro templo budista calmuco, de Howell, New Jersey, solicitou ao mestre que servisse a essa congregação. Após receber permissão de Sua Santidade o Dalai Lama para permanecer por mais um período nos Estados Unidos, o Gueshe Tharchin fixou residência no templo. Sua presença ali trouxe grandes benefícios tanto às famílias da congregação, quanto às pessoas desejosas de se aprofundar nos ensinamentos do Buda.

O trabalho do Gueshe Tharchin expandiu-se em 1975, incluindo palestras em universidades como a de Colúmbia (onde ensinou o *Sutra do Coração*, em uma série de conferências) e Princeton (onde deu instruções sobre a Mente *Bodhi*). Naquele ano, propôs-se a aprender inglês em prol de suas atividades no Ocidente e, depois de quatro meses na Universidade de Georgetown, recebeu certificado de proficiência nessa língua. Durante sua permanência na região de Washington, o Gueshe Tharchin começou a ensinar a um grupo de professores universitários, funcionários do governo e outros profissionais, os quais, desde essa época, deram continuidade à prática do Darma, de maneira individual, em grupos com sessões mensais intensivas e, ainda, em retiros com a presença do mestre.

Posteriormente, o Gueshe Tharchin ampliou as dependências de Rashi Gempil Ling, mantendo seu programa habitual de aulas regulares, que inclui tópicos como o caminho Mahayana em geral, Abhidharma e filosofia Madhyamika, lógica e língua tibetana. Inspirados por seu incentivo e orientação, alunos desses cursos prepararam traduções finais de explicações literais de numerosos textos, elaboradas pelo Gueshe Tharchin. Entre os trabalhos publicados, encontramos *A Oferenda do Mandala, A Essência do Néctar, Guru Yoga da Divindade de Tuṣita,* e esta *Carta* de Nagarjuna.

A *Carta*, com o comentário de autoria do Venerável Rendawa, foi transposta para o inglês por Artemus Engle. Ele estudou sob a orientação do Gueshe Tharchin desde sua chegada aos Estados Unidos, e tornou acessíveis as palavras do mestre a um grande número de americanos, servindo-lhe de tradutor pessoal durante quatro anos de ensinamentos religiosos e apresentações públicas. Além das traduções já mencionadas — *A Guirlanda de Pérolas*, autocomentário ao *Abhidharmakośa* e *Bodhicāryāvatāra* —, Artemus Engle empreendeu extensos estudos de numerosas escrituras budistas, a par de atuar como instrutor de alunos principiantes do Gueshe. Mais tarde, passou a ensinar língua tibetana e sânscrita em Rashi Gempil Ling, e está concluindo tese de doutoramento em filosofia e estudos budistas na Universidade de Wisconsin.

BIOGRAFIA DO VENERÁVEL RENDAWA

O Venerável Rendawa, gZhon-nu blo-gros (Kumāra Mati), nasceu no ano do Touro-Fêmea-da-Terra (1349), em um local chamado Renda Khangso, próximo a Sa-skya. Pertencia à linhagem do famoso ministro Gar; o nome de seu pai era bKra-shis rgyal-mtsan, e o de sua mãe, dBang-phyug skyid. Enquanto ainda trazia a criança no ventre, a mãe do Venerável Rendawa teve muitos sonhos auspiciosos, como o surgir do sol e da lua, o luzir de lamparinas, a construção de templos etc. Da mesma forma, inúmeros presságios maravilhosos cercaram seu nascimento.

Quando criança era chamado bTzun-ne e, a partir do momento em que foi capaz de falar e raciocinar por conta própria, demonstrou sentimentos de profundo respeito e devoção, sempre que ouvia qualquer menção às Três Jóias e ao Darma Sagrado, ou observava objetos religiosos. Seus pais morreram quando ele ainda estava em tenra idade, de modo que foi criado por uma monja chamada bKra-shis 'bum. Certo dia, ele disse à monja: "Vou assumir o cargo de governador de Sa-skya e trazer paz à terra tibetana ou, então, vou ingressar pela porta do Darma e fazer com que o ensinamento do Buda brilhe tão fulgurante quanto o sol", ao que a monja respondeu, "Ó bTzun-ne, mente altaneira (*blo-chen*), não sei se serás capaz de fazer isso". A partir de então, ele passou a ser chamado bTzun-ne blo-chen.

O despertar de tendências cármicas adquiridas com a prática do Darma ao longo de muitas vidas pregressas, fez com que ele se voltasse para o estudo do Darma sem necessidade de instrutores, tão naturalmente como outras crianças se voltam para a proteção materna ou se entregam a folguedos.

O menino tomou os votos de Refúgio, de Geração da Mente *Bodhi*, e de *upavāsa (bsnyen-gnas)* do professor 'Phags-chen chos-bzang dpal. Tomou contato, também, com muitos ensinamentos sobre a Grande Compaixão (Ācārya Avalokiteśvara). Pensou então que, se em sua vida presente de grande oportunidade e ventura não seguisse a tradição dos mestres do passado, concluindo o treinamento tríplice de escuta, contemplação e meditação, a oportunidade por ele adquirida perderia o sentido — seria como voltar de mãos vazias de uma terra repleta de tesouros e jóias encantadas, capazes de realizar desejos. Percebendo, também, que constituir uma família seria fonte de muitas falhas e aflições mentais (*kleśas*), o Venerável Rendawa decidiu liberar-se rapidamente desta prisão de grande dor e tormento, e exercitar-se na prática pura do Darma.

Assim, aos dezoito anos, com firme motivação de renúncia, tomou os votos de monge noviço (*śramaṇera, dge-tsul*) de Sa-bzang panchen, recebendo o nome de gZhon-nu blo-gros. Em seguida, encontrou os dois grandes mestres Nya-dpon kun-dga'dpal e mKhan-chen sangs-rgyas dpal, com quem estudou a *Pramānavārttika* e aprendeu, com perfeição, os oito tópicos de lógica (*rtog-ge'i tsig-don brgyad*), segundo o sistema do renomado Ācārya Dharmakīrti. Também compôs seus próprios comentários do tratado, tanto extensos quanto condensados.

Do grande lama bSod-nams rgyal-mtsan, entre outros, o Venerável Rendawa ouviu ensinamentos sobre a *Prajñā pāramitā*, e estudou cuidadosamente o *Pañcaviṃśati Sahasrika Āloka (Nyikhri snang-ba)* do Ācārya Vimuktasena, compreendendo o exato significado da visão destes pânditas sobre os textos. Posteriormente, compôs comentários sobre a *Prajñā pāramitā* e os "setenta tópicos" (abrangidos pelo *Abhisamayālaṃkāra*).

Então, desejoso de ouvir os ensinamentos sobre o Abhidharmapiṭaka, o Venerável Rendawa foi ter com o grande *lotzawa* (tradutor) Byang-chub rtze-mo, e ouviu muitas vezes os princípios dos sistemas superior e inferior do Abhidharma, bem como o *Yogācāra Bhūmi*, junto com os oito tratados Prakaraṇa e respectivos comentários. Dessa forma, aprendeu os escritos dos irmãos Asanga e Vasubandhu. Novamente, escreveu seus próprios comentários, abordando os vários sistemas filosóficos do Abhidharma.

O Venerável Rendawa procurou, então, mKhan-chen kung-dga' bzang-po e, em companhia de um número prescrito de outros monges, tomou os votos da ordenação completa de um *bhikṣu*. Desse mestre ele ouviu ensinamentos sobre o *Sūtra Vinaya ('Dulba mdo rtza-ba)*, compostos por Guṇa Prabhā. Mais tarde, mKhan-chen lhe disse: "Tens mais conhecimento das práticas Vinaya que eu; agora estes ensinamentos foram confiados a um legítimo mestre do Darma". Instado por esse mesmo mestre, o Venerável Rendawa compôs comentários sobre o *Vinaya Śāstra*, mantendo as práticas Vinaya e, em seguida, sem qualquer falha, as três observâncias de *poṣadha (gso-sbyong)*, *pravārita (dgag-dbye)* e *varṣa (dbyar-gnas)*.

O *bhikṣu* estudou, então, os seis tratados de Nagarjuna sobre Madhyamika, bem como o *Catuḥśataka*, o *Madhyamakāvatāra* etc. com o mestre Chos-rje byang-sang-pa. Por meio de contemplação cuidadosa e repetida de seu significado, associada a preces fervorosas às Três Jóias para receber inspiração divina, conseguiu alcançar a verdadeira compreensão da visão de Nagarjuna e de seus principais discípulos. O Venerável Rendawa escreveu comentários sobre esses textos do sistema Madhyamika e ensinou-os pormenorizadamente a seus próprios alunos.

De lamas santificados como bSod-nams rgyal-mtsan, ele ouviu ensinamentos sobre textos tântricos, como o *Guhya Samāja Pradīpa Uddyotana*, aprendendo, assim, todos os aspectos profundos do Mantrayana. Ao adquirir um entendimento completo das escrituras, bem como de seus comentários, o Venerável Rendawa compôs obras sobre o Tantra, inclusive um comentário sobre o texto-base do *Guhya Samāja*. Ademais, escreveu comentários sobre o *Uttaratantra, Suhṛllekha, Sūtrasamuccaya* etc. Por fim, o Venerável Rendawa estudou com rGyal-sras thogs-med bzang-po, ocupando-se tanto com a motivação quanto com as atividades (para geração da Mente *Bodhi*), e, ainda, ouvindo repetidas vezes os vários tópicos do Darma, inclusive os "treinamentos da mente" *(blo-sbyong)*. Após alcançar domínio de todos os aspectos significativos dos textos sútricos e tântricos, o Venerável Rendawa pôs em movimento a Grande Roda do Darma para muitos afortunados discípulos, continuando assim a propagação do precioso ensinamento do Buda.

Em particular, ele ensinou o *Abhidharmakośa* ao grande mestre Tzong-kha-pa, tanto de forma literal quanto por meio de análise lógica. Visto que o Venerável Rendawa fora capaz de oferecer uma explicação do significado completo do tratado, e não apenas das palavras do texto, o Venerável Tzong-kha-pa passou a sentir grande respeito pela capacidade de ensino de Rendawa. Este foi o primeiro encontro destas duas grandes figuras.

Mais tarde, o Venerável Rendawa, o consagrado lama Tzong-khapa e grande número de membros cultos da *saṇgha* reuniram-se no monastério de Rva-sgreng, onde o primeiro transmitiu instruções sobre a *Yukti Ṣaṣṭika (Rigs-pa drug-cu-pa), Guhya Samāja* e outras escrituras. Tzong-kha-pa ensinou todos os estágios do caminho Mahayana, como descritos no *Mahāyāna Sūtrālamkāra, Madhyānta Vibhāga* e *Samuccaya.* Em particular, apresentou uma explicação completa e detalhada do método para a prática da meditação *śamathā*: a natureza do estado em si, os objetos de meditação e a ordem da prática. A congregação de monges, a seguir, entrou em meditação, e grande número de alunos alcançou o verdadeiro *śamathā*, precisamente como é descrito nos textos *śāstra.*

Mais tarde, o Venerável Rendawa ouviu ensinamentos do lama Tzong-kha-pa sobre a *Guhya Samāja Pradīpa Uddyotana* e *as Mūlamadhyamika Kārikās.* Da mesma forma, Tzong-kha-pa ouviu ensinamentos detalhados de Rendawa sobre a visão Madhyamika, de acordo com o comentário do *Prasannapāda.* Assim, eles se tornaram mestre e aluno um do outro. Suas respectivas biografias afirmam que isto já ocorrera em muitas vidas passadas, onde ambos realizaram, juntos, as práticas do *bodhisattva*, e afirmam, também, que o aparecimento destes mestres no mundo fora profetizado tanto por Mañjuśrī quanto por Guhyapati Vajrapāṇi.

Tendo como base a moral pura, o grande ser Rendawa alcançou a compreensão do Darma, tal como explicado por Nagarjuna e Asanga, e alcançou em especial, a compreensão da explanação de Nagarjuna sobre a profunda originação dependente: a visão Madhyamika da realidade, livre dos extremos do niilismo e do eternalismo. Além disso, fundamentado no ensinamento essencial do mais secreto Vajrayana, o *Śrī Guhya Samāja Tantra* e seu comentário *Pradīpa Uddyotana*, ele propagou a instrução sobre os dois está-gios do caminho profundo. Assim, este mestre inigualável dos ensinamentos dos Sutras e Tantras difundiu o caminho imaculado da Liberação, na Terra das Montanhas Nevadas.

Quando se aproximava do final de sua vida, o Venerável Rendawa dirigiu-se a kLong-rtze bsam-gtan gling e girou a Roda do Darma pela última vez, perante cento e cinqüenta monges, oferecendo ensinamentos sobre *o Madhyamakāvatāra.* Ao alcançar o versículo

"Quando a realidade é não-originada e a mente é não-originada", ele assinalou estar entrando no nirvana, e partiu para o Palácio do Darma do Paraíso Tuṣita. Era o ano de 1412.

* * *

Este breve sumário das atividades do corpo, da fala e da mente do Venerável Rendawa (gZhon-nu blo-gros) foi coletado pelo Gueshe Lobsang Tharchin a partir de várias fontes.

Agosto de 1977

BIOGRAFIA DO ĀCĀRYA NAGARJUNA

O Ācārya Nagarjuna, como é amplamente sabido, fundou a tradição Madhyamika[1] do budismo. Seu aparecimento foi profetizado em numerosos sutras, entre os quais o *Laṅkāvatāra, Mañjuśrīmūlakalpa, Mahāmegha* e *Mahābherī*.

Quatrocentos anos após o nirvana do Buda Śākyamuni, vivia no sul da Índia, em uma região chamada Vidarbha (literalmente, "Terra das Palmeiras"),[2] um próspero brâmane que não tinha filhos. Em um sonho, apareceu-lhe um sinal indicando que teria um filho desde que rendesse homenagens a cem brâmanes. Ele assim o fez, rogando ardorosamente para que seu desejo, guardado no fundo do coração, viesse a se realizar. Dez meses mais tarde, nascia o menino.

Um adivinho, a quem o recém-nascido fora levado, dissera que a criança, embora de fato portasse sinais de ser uma pessoa excepcional, viveria apenas sete dias. Os pais, ansiosos, perguntaram se havia alguma coisa a fazer para impedir esse destino. O adivinho respondeu que, se eles dessem de comer a cem pessoas, o menino viveria sete dias, e que, se fizessem oferendas a cem monges, viveria sete anos, e nada além disso poderia ser feito. Os pais completaram a segunda das oferendas sugeridas. Ao se aproximar o final dos sete anos, o menino foi enviado em viagem na companhia de vários criados, pois os pais não se sentiam capazes de suportar a cena do cadáver do filho.

Durante a viagem, o menino teve uma visão do deus Khasarpaṇa (uma das manifestações do Ācārya Lokeśvara[3]). Logo depois, o grupo alcançou o grande monastério de Nālanda. Próximo à morada de um brâmane chamado Sāraha, o menino recitou vários versos. O brâmane, ao ouvir as estrofes, convidou o grupo a entrar e perguntou sobre a viagem e como haviam chegado até Nālanda. Um dos criados narrou a história do menino e falou de sua morte iminente. Ao que Sāraha respondeu que, se o menino abandonasse a vida mundana e fizesse voto de renúncia, poderia evitar a catástrofe.

O menino seguiu o conselho e foi iniciado primeiramente no "Mandala de Amitābha que Conquista o Senhor da Morte". Em seguida, foi instruído a recitar mantras *dhāraṇi.* Na véspera de seu sétimo aniversário, recitou mantras especiais durante a noite toda e, assim, superou o encontro com o Senhor da Morte.

Ao completar oito anos, o menino tomou o voto de renúncia e iniciou seus estudos sobre as ciências tradicionais. Estudou, igualmente, os textos das escrituras de cada uma das principais escolas de pensamento budista. Algum tempo depois, voltou a encontrar-se com os pais. Mais tarde pediu ao mesmo brâmane Sāraha que o instruísse nos ensinamentos esotéricos de Śrī Guhya Samāja e recebeu o ensinamento dos tantras adequados junto com todas as respectivas instruções orais. A seguir, depois de apresentar uma solicitação formal ao abade do mosteiro, recebeu a ordenação plena de monge, e passou a ser conhecido como Bhikṣu Śrīmanta.

Por ser uma dessas pessoas por quem Mañjuśrī vela em todas suas vidas, o monge teve oportunidade de escutar, na íntegra, o Darma dos sutras e dos tantras, diretamente do mestre *bodhisattva* Ratna Mati, manifestação de Mañjuśrī em seu aspecto de "jovem divino". Assim, Śrīmanta tornou-se um mestre consumado do Darma.

Tempos mais tarde, uma grande escassez de alimentos abateu-se sobre Nālanda, deixando a *saṇgha* sem meios de subsistência. O abade Sthavira Rāhula Bhadra nomeou o Bhikṣu Śrīmanta despenseiro da *saṇgha.*[4] Embora a carestia perdurasse por doze anos, reduzindo muito a população da região de Magadha, o *bhikṣu*[5] conseguiu sustentar a *saṇgha* valendo-se de seus conhecimentos de ciência alquímica. Ele adquirira tais conhecimentos de um brâmane versado em alquimia, da seguinte forma: o *bhikṣu* preparou, inicialmente, duas folhas de sândalo como encantamento para produzir o *siddhi* da ligeireza, conhecido como Pés de Vento.[6] Levando uma folha na mão e a outra escondida na sola do sapato, dirigiu-se à ilha distante onde habitava o brâmane, e solicitou-lhe instruções sobre o "elixir que transforma metais comuns em ouro".[7]

O brâmane pensou consigo que o forasteiro devia portar algum encantamento especial que lhe permitira chegar à ilha. Ávido por obtê-lo, disse ao *bhikṣu*: "Conhecimento deve ser trocado por conhecimento, ou então ser remunerado em ouro". "Pois bem", respondeu o Bhikṣu Śrīmanta, "vamos trocar conhecimentos", e entregou ao brâmane o encanto que trouxera na mão. Acreditando que o viajante não mais poderia deixar a ilha, o brâmane deu-lhe as instruções. Usando, então, a folha que guardara na sola do sapato, o *bhikṣu* retornou a Magadha. Assim, valendo-se do elixir alquímico, conseguiu suprir amplamente todas as necessidades essenciais da *saṇgha* de Nālanda transmutando grandes quantidades de ferro em ouro.

Algum tempo depois, o Bhikṣu Śrīmanta passou a ocupar o cargo de abade de Nālanda. Prestou grande tributo aos membros da *saṇgha* que observavam os três treinamentos adequadamente, e expulsou todos os *bhikṣus* e *śramaṇas*[8] que eram moralmente corruptos. Conta-se que baniu um total de oito mil monges.

Foi durante esse período, também, que um *bhikṣu* chamado Śaṃkara compôs um texto intitulado *O Ornamento do Conhecimento*. Escrito em doze mil versos, representava uma tentativa de desacreditar a doutrina Mahayana. Fazendo uso da lógica, o Bhikṣu Śrīmanta foi capaz de refutar a argumentação por completo. Também refutou muitos outros escritos que negavam a validade do Mahayana. Certa vez, em um local chamado Jaṭāsamghāta, suplantou quinhentos intelectuais não-budistas em um debate, convertendo-os à religião budista ao debelar suas visões errôneas.

Em uma ocasião, quando o Ācārya estava ensinando o Darma do Tripiṭaka a muitos seguidores, dois jovens, que na verdade eram emanações de *nāgas*,[9] vieram ter com ele, à procura do Darma. Com a presença desses jovens, todo o ambiente impregnava-se de perfume de sândalo. Quando partiam, o perfume desaparecia e quando retornavam, voltava a aparecer. O Ācārya perguntou-lhes a razão disso e os jovens responderam que eram filhos de Takṣaka, rei dos *nāgas*. Eles haviam-se ungido com essência de sândalo, como imunização contra as impurezas humanas.

O Ācārya pediu então que lhe dessem um pouco do sândalo para uma imagem de Tāra, e que o assistissem na construção de templos. Os dois jovens responderam que teriam que consultar o pai, partindo em seguida. Regressaram dois dias depois para dizer ao Ācārya que só fariam o que ele propusera se fosse pessoalmente até a Terra dos Nāgas. Ciente dos benefícios que a sua ida resultaria para todos os seres, o Ācārya viajou à Terra dos Nāgas, onde o Rei Takṣaka e outros *nāgas* de mente nobre o presentearam com inúmeras oferendas. O *mahātma* pregou o Darma aos *nāgas* em resposta a suas solicitações, causando-lhes tanta satisfação que lhe rogaram que permanecesse entre eles para sempre. Sua resposta foi: "Como vim aqui com o propósito de obter o sutra da *Prajñā pāramitā*[10] em 100.000 versos, bem como a 'argila dos *nāgas*' necessária à construção de templos e estupas, não posso permanecer agora. Talvez possa retornar no futuro".

Depois de ter adquirido a versão expandida da *Mãe dos Jinas*, vários textos mais curtos da *Prajñā pāramitā*, e grandes quantidades de argila dos *nāgas,* o Ācārya preparou-se para retornar ao nosso mundo, o mundo do Jambūdvīpa. Conta-se que, para assegurar o regresso do Ācārya à sua terra, os *nāgas* retiveram uma pequena parte final dos 100.000 versos. A parte faltante — os dois últimos capítulos[11] do sutra não condensado da *Prajñā pāramitā* — foi, então, substituída pelos capítulos correspondentes do sutra da *Prajñā pāramitā* em 8.000 versos. Esta é a razão de os dois capítulos finais de ambos os sutras serem idênticos.

Depois de obter tais sutras, o Ācārya ampliou muito a influência da tradição Mahayana. Quando pregava o Darma no parque do monastério,[12] os *nāgas* executavam atos de reverência — seis serpentes, por exemplo, formavam um guarda-sol para protegê-lo dos raios solares. Tornando-se o Senhor dos Nāgas, o Ācārya foi cognominado "O Nāga". Devido a sua habilidade em difundir o Darma Mahayana, que se assemelhava à velocidade de arremesso e à maestria do famoso arqueiro Arjuna, ele também passou a ser conhecido como "O Arjuna". Outra versão, ainda, diz que era chamado "Nagarjuna" pois, ao praticar as *sādhanas* da deusa Kurukullā, adquiriu autoridade sobre *nāgas* como o Rei Takṣaka e outros.

Nagarjuna viajou mais tarde à região de Puṇḍravardhana onde, por meio da prática da alquimia, executou muitos atos de grande generosidade. Em especial, conferiu grande quantidade de ouro a um casal idoso de brâmanes, infundindo-lhes grande fé. O velho brâmane passou a servir Nagarjuna e a ouvir o Darma junto a ele; após sua morte, o brâmane renasceu como o Mestre Bodhināga.

Nagarjuna também construiu muitos templos. Certa vez, quando se preparava para transformar em ouro um grande rochedo em forma de sino, uma emanação de Tāra, sob a forma de uma mulher idosa, lhe apareceu e disse: "Em vez de fazer isto, você deveria ir à Montanha do Esplendor[13] e praticar o Darma". Tempos depois, ele de fato foi até esse local praticar as *sādhanas* de Tāra.

Em outra ocasião, quando havia executado as *sādhanas* que invocam a deusa Caṇḍikā, a própria deusa alçou o Ācārya ao céu, tentando transportá-lo aos reinos celestiais. "Não me exercitei com o objetivo de viajar até os reinos celestiais", disse ele, "eu vos invoquei a fim de obter ajuda para a *saṇgha* Mahayana, enquanto perdurar o ensinamento do Buda." Eles retornam, e a deusa estabelece-se a oeste de Nālanda, manifestando-se sob a forma de uma nobre da casta real. Nagarjuna instruiu-a, dizendo: "Uma grande estaca de madeira de *khadira*, tão pesada que um homem mal consegue levantá-la, foi introduzida na parede de um templo de pedra dedicado a Mañjuśrī. Até que essa estaca se transforme em cinza, vós deveis prover a subsistência da *saṇgha* do templo".

Por doze anos, a nobre senhora fez oferendas de produtos de todo gênero à *saṇgha*. Durante esse período, o encarregado da despensa do monastério, um *śramaṇera* de má índole, dirigia-lhe, continuamente, propostas indecorosas. A senhora não lhe dava resposta, até que um dia disse: "Se a estaca de *khadira* vier a se tornar cinza, nós poderemos nos unir". O *śramaṇera* ateou então fogo à estaca e, quando ela se reduziu a cinzas, a deusa desapareceu.

Em outra ocasião, uma manada de elefantes estava ameaçando estragar a árvore *bodhi* em Vajrāsana (atual Bodhgayā). Nagarjuna ergueu então duas colunas de pedra atrás da árvore sagrada, que lhe serviram de proteção por muitos anos. Quando os elefantes reapareceram, o Ācārya construiu duas imagens de Mahākāla, montadas em um leão e brandindo uma clave. Isso também surtiu efeito, embora o perigo, mais tarde, voltasse a surgir. Uma cerca de pedra foi então levantada em torno da árvore e, do lado de fora do cercado, o Ācārya construiu 108 estupas. Estas eram enormes, cada uma encimada por uma estupa menor que continha relíquias dos ossos[14] do Buda.

O Ācārya, ademais, construiu muitos templos e estupas nas seis principais cidades de Magadha — Srāvasta, Śāketa, Campaka,

Vārāṇasī, Rajāgṛha e Vaiśālī — e proporcionou subsistência a muitos pregadores do Darma.

Acima de tudo, Nagarjuna sabia que praticamente ninguém compreendia o verdadeiro significado da coletânea do sutra *Prajñā pāramitā*. Sabia também que, sem compreendê-lo perfeitamente, não haveria como alcançar a liberação. Proclamou, então, o Caminho do Meio, o qual afirma que *śūnyatā* (o significado essencial da originação dependente,[15] segundo o qual todas as coisas são inteiramente vazias de uma natureza que tenha existência própria) é totalmente coerente com os princípios que expressam uma relação infalível entre carma bom ou ruim e suas conseqüências. Em seu trabalho sobre lógica, uma coletânea em cinco partes, o Ācārya explicitou com clareza o sentido último da sabedoria do Buda. Esta coletânea compreende o tratado principal, a *Mūlamadhyamika Kārikā*, e seus quatro braços: *Yukti Ṣaṣṭikā, Śūnyatā Saptati, Vaidalya Sūtra* e *Vigraha Vyāvarttanī*.

Depois desse período, o Ācārya Nagarjuna ficou por seis meses no monte Uśīra, localizado ao norte. Fazia-se acompanhar de mil discípulos, que sustentava com um tablete diário de um *rasāyana* mercurial que havia preparado. Um dia, um dos discípulos, o Siddha Singkhi, levou respeitosamente o tablete à fronte, mas não o ingeriu. O Ācārya perguntou a razão disso, e o discípulo respondeu: "Não tenho necessidade do tablete. Se lhe aprouver, Ācārya, faça preparar uma porção de vasilhas cheias de água". Assim, mil grandes recipientes foram preenchidos com água e colocados ali, na floresta. O *siddha* acrescentou, então, uma gota de urina a cada uma das vasilhas, o que transformou todo o líquido em "elixir de ouro". O Ācārya recolheu todas as vasilhas e as escondeu em uma caverna remota e inacessível, recitando uma prece para que elas pudessem beneficiar os seres dos tempos futuros.

Este Siddha Singkhi nem sempre se mostrara tão hábil. Quando encontrou o Ācārya pela primeira vez, era tão obtuso que não conseguia aprender sequer um único verso em um período de vários dias. O Ācārya, então, disse-lhe, em tom jocoso, para meditar que um chifre crescia sobre sua cabeça. O discípulo assim o fez, mantendo seu objeto de meditação tão firmemente que adquiriu sinais visíveis e tangíveis de ter desenvolvido chifres. Dessa forma, foi-lhe impossível sair da caverna em que estivera meditando, pois os chifres prendiam-se nas paredes. O *siddha* então recebeu instruções para meditar que os chifres não mais existiam, com o que eles desapareceram.

Percebendo que as características mentais de seu discípulo haviam se tornado agudamente desenvolvidas, o Ācārya ensinou-lhe vários significados profundos dos mantras secretos. Nagarjuna, a seguir, instruiu-o uma vez mais em meditação, e o discípulo, por fim, alcançou o *siddhi* do Mahāmudrā.

O Ācārya viajou depois ao continente setentrional de Kurava. No caminho, em uma cidade chamada Salamana, encontrou várias crianças que brincavam na estrada. Nagarjuna leu a mão de uma delas, um menino de nome Jetaka, e profetizou que se tornaria rei. Na viagem de retorno, depois de concluir seu trabalho em Kurava, o Ācārya voltou a encontrar-se com o jovem, que já se tornara rei. Por três anos, Nagarjuna permaneceu com o rei, que ofereceu ao Ācārya muitas jóias. Em reconhecimento, ele compôs para o rei uma "jóia" do Darma, isto é, a *Ratnāvalī*.

Foi então que viajou para o Sul, tal como lhe aconselhara a emanação de Tāra, para praticar meditação na Montanha do Esplendor. Aí, Nagarjuna também girou a Roda do Darma extensamente, tanto com relação aos sutras quanto aos tantras. Foi nesta ocasião que compôs o *Dharmadhātu Stava*.

De modo geral, os escritos do Ācārya são divididos em três coleções:

1. Coleção dos Discursos[16] — incluindo obras como *Ratnāvalī, Suhṛllekha, Prajñā Śataka, Prajñā Daṇḍa* e *Janapoṣaṇa Bindu;*
2. Coleção dos Tributos[17] — *Dharmadhātu Stava, Lokātīta Stava, Acintya Stava* e *Paramārtha Stava;* e
3. Coleção dos Escritos sobre Lógica[18] — a já citada *Mūlamādhyamika Kārikā* etc.

Além desses, Nagarjuna escreveu outros tratados importantes, explicando os significados não só dos sutras, como dos tantras, realizando atividades como se, de fato, o Buda houvesse voltado.

Diz-se que Nagarjuna fez três "grandes proclamações do Darma".

A primeira foi sua preservação da disciplina *vinaya* em Nālanda, como explicado acima. Isso foi como o primeiro giro da Roda do Darma pelo Bhagavan. A segunda foi sua clara exposição do Puro Caminho do Meio, através da composição da coleção de tratados sobre lógica e outros. Isso significou o segundo giro da Roda empreendido pelo Bhagavan. A terceira grande proclamação consistiu das atividades do Ācārya na Montanha do Esplendor, no Sul, onde compôs obras como o *Dharmadhātu Stava*, o que foi similar ao último giro da Roda do Darma pelo Bhagavan.

Obras tão vastas em prol do Darma e dos seres vivos despertaram grande desprazer em Māra e nas forças do mal. Ocorreu, então, que a esposa do Rei Udāyibhadra teve um menino chamado Kumāra Śaktiman. Anos mais tarde, a mãe deu de presente ao filho uma vestimenta fina e rara. A criança disse-lhe : "Guarde esta roupa. Vou usá-la quando chegar o tempo do meu reinado". "Você nunca governará", retrucou a mãe, "pois o Ācārya Nagarjuna fez com que seu pai e ele tivessem uma mesma vida. Ele não morrerá, a menos que o Ācārya morra". O menino foi tomado de grande tristeza e sua mãe prosseguiu: "Não chore! O Ācārya é um *bodhisattva*, e se você lhe pedir a cabeça, não recusará. Morrendo o Ācārya, seu pai também morrerá, e o reino será seu".

A criança seguiu a sugestão da mãe, e Nagarjuna, de fato, concordou em dar-lhe a própria cabeça. Porém, por mais esforço que o menino fizesse, sua espada não era capaz de cortar o pescoço de Nagarjuna. O Ācārya disse ao menino: "Tempos atrás, enquanto cortava grama, ocorreu que matei um inseto. A força desse mau ato ainda permanece comigo. Assim, você poderá decepar minha cabeça servindo-se de uma lâmina de erva *kuśa*". O menino assim fez, e conseguiu, finalmente, cortar a cabeça de Nagarjuna. O sangue que jorrou do ferimento transformou-se em leite, e as seguintes palavras brotaram da cabeça decepada: "Daqui parto para o céu Sukhāvatī. No futuro, voltarei a entrar neste corpo".

O príncipe malvado lançou a cabeça a uma distância de várias léguas, temendo que voltasse a se unir ao corpo. Entretanto, como o Ācārya havia dominado a prática de *rasāyana*, sua cabeça e seu corpo ficaram rígidos como pedra. Diz-se que, a cada ano, ambos estão se aproximando mais e mais e que, afinal, um dia se juntarão.

Nagarjuna executará então, novamente, grandes obras em benefício do Ensinamento e de todos os seres.

O Ācārya Nagarjuna viveu, ao todo, seiscentos anos, assim está escrito no *Mañjuśrīmūlakalpa*:

> Depois que eu, o Tathagata, houver passado,
> E quatrocentos anos houverem transcorrido,
> Um *bhikṣu*, "O Nāga", aparecerá,
> Para grande fé e benefício do Ensinamento.
> Ele alcançará o estágio da Grande Felicidade
> E por seiscentos anos permanecerá vivo.

O SIGNIFICADO ELUCIDADO (*SPHUTĀRTHA*)

Comentário a
CARTA A UM AMIGO
do ĀCĀRYA NAGARJUNA

composto pelo VENERÁVEL RENDAWA

VERSOS À GUISA DE PREFÁCIO

Reverência a todos os Jinas[1] das dez direções,
Juntamente com seus Filhos e discípulos.

Dotado de mil raios cândidos de atividade pura,
Munīndra,[2] Aquele que Porta a Lebre,[3]
Debela a agonia febril dos seres
Atormentados pelo sol das aflições mentais,

Tal qual a lua cheia do outono,
Cujo frescor se derrama em mil raios,
Ou as brisas de Malaya, perfumadas com a doce
fragrância do sândalo *hari.*

A mais diminuta emanação de seus raios refrescantes,
Que traz o mérito do abandono dos desejos,
Faz abrir a flor do *utpala* — tendo por olhos um
Par de abelhas em vôo, e por dentes pistilos tão alvos —,

E instantaneamente fecha a floresta de lótus
Composta pelos rostos das ninfas celestiais,
Emissárias enviadas pelos arrogantes demônios.
Eu me curvo a Munīndra, a lua entre os mestres.

A um milhar de adversários alados, instalados
Em uma montanha sólida de visões extremas,
Não é dado superar, sequer em mínima medida,
A glória fulgurante da posição que Ele sustenta.

Livre de extremos é *śūnyatā*,[4] a jóia da coroa *nāga*
Que dissipa a escuridão das três esferas.
Nagarjuna, Senhor dos Nāgas, sede vitorioso —
Assentado no alto da cabeça de todos os seres.

Em resposta às solicitações de nobres amigos espirituais,
Envidarei todos os esforços para explicitar os versos seguintes,
Que oferecem conselhos a um conhecido venerável, e que,
Entre os escritos de Nagarjuna, constituem um tesouro de
ditos excelentes.

No *Laṅkāvatāra Sūtra*, o Buda afirma:

Alguém destinado a manter os Caminhos,
Após o Nirvana do Sugata,
Aparecerá depois de transcorrido algum tempo.
Sabei que ele será dotado de grande sabedoria.

Na região sulina, na Terra das Palmeiras,
Há de surgir o Bhikṣu Śrīman, de grande renome.
Ele será cognominado "O Nāga", e destruirá
Os extremos da existência e da não-existência.

Após pregar ao mundo meu veículo,
Sob a forma do insuperável Mahayana, e
Alcançar o estágio da Grande Felicidade,
Ele partirá para o Paraíso Sukhāvatī.

Aquele cuja aparição foi predita em muitos sutras — o grande Ācārya Nagarjuna — enviou esta carta, *Suhṛllekha*, a seu amigo Rei Udāyibhadra. Ela revela os meios infalíveis para alcançar os estados superiores[5] e a suprema beatitude.[6] O texto deve ser entendido como composto, essencialmente, de duas partes: a recomendação para ouvir a instrução (os três primeiros versos) e a instrução em si (o restante do poema).

PARTE I

RECOMENDAÇÃO PARA OUVIR

(1)

Ó Virtuoso, digno por natureza do que é bom,
Compus estas "rimas nobres" para vos incutir
Aspiração pelo mérito proveniente dos ensinamentos dos
Sugatas.
Trata-se de obra curta, para a qual deveis atentar.

O Rei é tratado por "Virtuoso, digno por natureza do que é bom", a fim de que preste atenção à instrução. O fato de ele valer-se da instrução e fazer dela prática habitual seria uma virtude, um ato digno. A natureza de tais virtudes é a de atuarem como causa. Por haver anteriormente acumulado sementes de virtude, o Rei tornou-se agora recipiente apropriado para ouvir o Darma Sagrado. Portanto, ele é "digno do que é bom". Os versos, desta forma, afirmam em essência: "Por terdes previamente acumulado raízes de virtude, ó Rei, vos tornastes um recipiente apto para o Darma Sagrado e, por isso, deveis prestar atenção".

A que deve o Rei prestar atenção? Deve prestar atenção a estes versos, compostos dentro da métrica chamada *āryā-gīti* (ritmo nobre). Qual é o comprimento do poema? A fim de evitar o ônus de uma extensão demasiada, apenas uma obra curta foi composta; pois muitos são os afazeres de um rei, que não tem oportunidade de estudar um número muito grande de escrituras. Quem compôs o trabalho? "Eu", o Bhikṣu Nagarjuna. Para que fim ele foi composto? "Para que vós, ó Soberano, e outros possam aspirar ao mérito que provém dos ensinamentos da Palavra Sagrada dos Sugatas;[1] visto que é este o meio para conseguir nascimento nos estados elevados e, em última instância, alcançar a beatitude suprema".

O meio infalível para alcançar os estados elevados e a beatitude suprema não pode ser encontrado em parte alguma, senão no ensinamento do Buda. Por exemplo, alguns estranhos (ou seja, seguidores de qualquer fé não-budista) acreditam erroneamente que os estados elevados e a liberação[2] possam ser conseguidos por meio do sacrifício de animais, práticas extremadas como arrancar cabelos, ou meditação sobre a "alma". Esta é a razão da frase: "... para vos incutir aspiração pelo mérito proveniente da Palavra Sagrada dos

Sugatas", pois o pensamento subjacente do autor é o de que ninguém atingirá a meta desejada aspirando àquilo que outras tradições religiosas ensinam ser meritório.

Através de um símile, os próximos versos ilustram que não se deve pensar: "Não darei ouvidos a esta sua poesia, pois sua forma é deselegante". Em virtude da excelência do significado, menosprezar o poema por falta de estilo seria inadequado.

(2)

Homens sábios veneram imagens dos Sugatas feitas de
Madeira ou outros materiais, seja qual for sua aparência.
Da mesma forma, embora este meu poema seja pobre, não o
Desprezeis, pois está baseado nos ditos do Darma Sagrado.

Quer belas ou não, as "imagens dos Sugatas feitas de madeira ou outros materiais" — como pedra, argila etc. — são veneradas pelos sábios em razão das qualidades daquilo que representam, independentemente do valor do material ou de sua qualidade artística. De igual modo, este meu poema merece o louvor dos homens sábios que se fiam não na letra, mas no seu sentido. Conquanto possam ser pobres em estilo, os versos tomam por base os ditos do Darma Sagrado, cujo tema são os meios que levam aos estados elevados e à beatitude suprema. Por isso, não os desdenheis. Na verdade, devíeis prestar-lhes atenção.

Os próximos versos respondem, também por meio de um símile, a alguém que pudesse pensar que "se o poema não é elegante, então não é necessário que eu atente para esta instrução, pois, no passado, ouvi muitas das escrituras do Sugata e, portanto, já conheço seu significado". Embora talvez não haja nada de novo para aprenderdes, o poema deve ser ouvido, para tornar mais claro o que já compreendeis.

(3)

Embora possais haver mesmo compreendido
Todas as palavras aprimoradas do Grande Muni,
Aquilo que é feito de giz não se torna
Ainda mais branco sob a luz da lua de inverno?

Ele é chamado Muni[3] por ter protegido as três portas[4] contra as ações não-virtuosas. O Buda é grande pelo fato de haver eliminado todos os traços das aflições mentais e das causas de renascimento.

As palavras do Senhor Buda são designadas "aprimoradas" porque são proferidas com excelência. "Embora vós, ó Rei, possais mesmo haver tudo compreendido ao ouvir, contemplar e meditar, ainda assim estes versos também devem ser ouvidos, dado que servirão para tornar mais claro o que já haveis aprendido. Não é verdade, por exemplo, que, ao se derramar sobre um solar de estuque branco, a luz da lua de inverno o deixa ainda mais branco, embora seja esta sua cor natural?"

PARTE II

A INSTRUÇÃO EM SI

O segundo trecho do texto, que traz a
instrução em si, é subdividido em três partes:
(1) recomendações gerais quanto
a práticas virtuosas;
(2) cultivo da aversão ao samsara por meio
da contemplação de seus defeitos; e
(3) instrução para prosseguir no caminho, após
contemplar os benefícios do nirvana.

a) RECOMENDAÇÕES GERAIS QUANTO ÀS PRÁTICAS VIRTUOSAS

Esta subdivisão compreende três capítulos, o primeiro dos quais traz recomendações gerais tanto para pais de família quanto para aqueles que deixaram a vida em família.

Capítulo 1

Recomendações gerais tanto para pais de família quanto para aqueles que deixaram a vida em família

Este capítulo se divide em três seções. A primeira traz recomendações para que seja mantida uma atitude permanente de fé, por meio das seis lembranças. O verso seguinte ilustra que a fé em relação a estas lembranças é a base de todas as virtudes, e que devemos constantemente trazê-las à mente, a fim de fazer crescer a fé.

1. As Seis Lembranças

(4)

O Jina proclamou as seis
Lembranças: Buda, Darma, *Saṇgha,*
Generosidade, Moralidade e os Deuses.
Recordai cada uma de suas várias virtudes.

Os Jinas são aqueles que triunfaram, por completo, sobre todo o mal. As seis lembranças — o Buda e as demais — proclamadas pelo Senhor Buda devem ser rememoradas constantemente, a cada dia. Como se faz isto? Recordando e trazendo à mente a multiplicidade de boas qualidades pertinentes ao Buda e às demais lembranças, conforme estabelecidas nos sutras.

Buda

Das seis lembranças, as virtudes do Buda são as seguintes: "O Buda é o Bhagavan, o Tathagata,[1] o Arhat[2] e o Plenamente Iluminado.[3] Ele é Aquele Dotado do Conhecimento e do seu Fundamento, o Sugata, Conhecedor do Mundo, Líder Insuperável dos Disciplináveis e Mestre de Deuses e Homens".

O Buda é chamado Bhagavan (literalmente, "Senhor Abençoado") por haver conquistado os quatro demônios, e por ser contemplado com as maiores venturas. É chamado Tathagata (literalmente, "Aquele que Assim Foi") porque alcançou compreensão da "realidade das coisas",[4] ou porque tudo é exatamente como Ele disse, e não de outra forma. E é chamado Arhat ("Vencedor do Inimigo") porque derrotou o inimigo das aflições mentais, ou porque é digno de ser cultuado por meio de oferendas e veneração.

O Buda é chamado o "Plenamente Iluminado" porque compreendeu todas as coisas de forma verdadeira e infalível. Diz-se que é "dotado do conhecimento" porque possui sabedoria acompanhada de "seu fundamento", pois ele possui moralidade e concentração mental, nas quais se baseia o conhecimento. Ele é chamado Sugata (o "Bem-Sucedido") porque alcançou o estado sublime, ou, ainda, porque dele não decairá.

Ele é chamado "Conhecedor do Mundo" porque, ao compreender a natureza dos doze elos da originação dependente, conhece com exatidão o mundo dos seres vivos, e, ao entender a origem da terra, das montanhas e assim por diante — ao conhecer todas as regiões, suas dimensões etc. — ele conhece com exatidão o mundo físico externo.

O condutor de uma carroça atrelará ao seu veículo bois ainda não treinados, caso sejam adequados para puxar o carro. Uma vez colocada a canga sobre os animais, o condutor refreia aqueles que puxam o carro de forma inadequada, e coloca no caminho certo aqueles que se desviam. Os bois que andam muito lentamente, ele incita com o ferrão. Porém, não utiliza aqueles que são refratários, que não se deixam atrelar ao veículo.

De igual forma, o Senhor Buda atrela ao Caminho dos *Āryas* os discípulos dignos de serem atrelados. Ele coíbe aqueles poucos que, uma vez atrelados, agem de modo contrário à Doutrina Sagrada. O Buda devolve ao caminho verdadeiro aqueles que se desviaram para um caminho errado, e incentiva com o ferrão do esforço tenaz aqueles que são indolentes. Com os refratários, que são inaptos para o caminho, ele não interfere. Por estas razões, é chamado "Líder Insuperável dos Disciplináveis".

Conforme está dito no *Śatapañcāśatika:*

Vós advertis os teimosos e
Colocais sob controle aqueles que se desencaminharam,
Reconduzis os desonestos aos caminhos retos
E incitais aqueles que caminham com muito vagar.

Vós atrelais os dóceis ao Caminho
E deixais de lado os refratários —
Destarte, Vós sois o Guia Insuperável
Para aqueles a serem treinados.

[estrofes 102, 103]

O contingente principal de discípulos é composto por deuses e homens, dado que são recipientes adequados para o caminho da liberação; e, dado que o Buda lhes ensina o Darma de acordo com as aspirações deles, ele é o "Mestre de Deuses e Homens". Para indicar que o possuidor das qualidades precedentes é o Senhor Buda, dois outros epítetos são mencionados. O Buda é o "Desperto", porque acordou do sono da ignorância, e também o "Plenamente Desenvolvido", porque sua mente se expandiu até o ponto em que abarca todos os objetos de conhecimento.

Darma

As virtudes do Darma são as seguintes: "O Darma do Bhagavan é bem-afirmado, capaz de ver com correção, isento de males, eterno, possuidor da transmissão correta, digno de contemplação e próprio para ser compreendido pelos sábios por meio da experiência pessoal". Em resumo, estas qualidades indicam o Darma dúplice da doutrina[5] e da realização.[6] A qualidade de ser "bem-afirmado" refere-se ao Darma da doutrina, que é virtuoso no começo, no meio e no fim, pois gera, sucessivamente, as três sabedorias do ouvir, do contemplar e do meditar.

As qualidades restantes referem-se ao Darma da realização. As cinco primeiras indicam a Verdade do Caminho e, ademais, representam esta Verdade, em termos de (1) sua natureza essencial e (2) seus atributos. A expressão "possuidor da transmissão correta" indica a primeira, no sentido de que o Darma constitui um caminho porque transmite ao devoto o resultado do nirvana.

O Caminho tem três atributos: (1) é puro por natureza; (2) ilumina a verdadeira natureza de todos os objetos de conhecimento; e (3) supera todas as coisas adversas. O primeiro é denotado pela expressão "digno de contemplação" porque, como uma lanterna, o Caminho irradia luz por sua própria natureza. A expressão "capaz de ver com correção" refere-se ao segundo atributo, pois o Caminho proporciona visão infalível da verdadeira natureza da realidade. O terceiro é descrito pela expressão "isento de males" porque (com a realização do Caminho) todo o potencial latente de aflições mentais (*kleśas*) é eliminado. Ademais, uma vez que este potencial é eliminado para todo o sempre e não por período limitado, diz-se que o Darma é "eterno".

A expressão "próprio para ser compreendido pelos sábios por meio da experiência pessoal", refere-se à Verdade da Cessação, que não pode ser estabelecida por especulação lógica nem explicada por expressão verbal, pois é objeto de uma consciência transcendental[7] que cada praticante de meditação precisa vivenciar por si mesmo.

A seguinte citação tirada da escritura *Uttaratantra* (capítulo 1, estrofe 9) serve como definição do Darma:

> Louvor àquilo que não pode ser examinado sob o ponto de vista do seu não-existir, do seu existir, de ambos, nem de outra coisa qualquer que não seja o existir ou o não-existir; que não tem explicação verbal, que deve ser compreendido por cada pessoa; e constitui a paz: o Darma Sagrado, o sol que irradia o fulgor da sabedoria imaculada que sobrepuja o apego, o ódio e a ignorância com relação a todos os objetos.

Saṇgha

As virtudes da *saṇgha* são as seguintes: "A *saṇgha* — aqueles que ouvem o Bhagavan — é virtuosa em sua conduta, reta em sua conduta, adequada em sua conduta e decorosa em sua conduta". Estas qualificações indicam as virtudes da *saṇgha* em sua prática. Por subsistir de forma adequada dentro dos três treinamentos da

Moralidade Superior, da Concentração Meditativa Superior e da Sabedoria Superior, diz-se que a *saṇgha* é, respectivamente, "virtuosa em sua conduta" etc. Ademais, porque cada um de seus membros se porta de igual forma no que diz respeito a coisas materiais, moralidade, pontos de vista e ritos, diz-se que a *saṇgha* é "decorosa em sua conduta".

As virtudes que tornam a *saṇgha* digna de reverência são as seguintes: "A *saṇgha* — que ouve o Buda — é sempre digna de oferendas, digna de grandes oferendas, digna de circum-ambulação e digna de ser saudada com as palmas unidas — um campo insuperável de méritos para todo o mundo". A *saṇgha* é descrita com as duas primeiras expressões, as duas do meio e as últimas expressões acima porque é dotada, respectivamente, das virtudes de cada um dos três treinamentos.

Generosidade

As virtudes da generosidade são as seguintes:

> Em verdade, as capacidades que adquiri, de conviver (com a mente livre de avareza) entre seres corrompidos pela impureza da ganância, praticando oferendas e liberalidade de todo coração, de comprazer-me em estender a mão e dar, e de induzir os outros à generosidade, são qualidades de fato bem adquiridas.

Esta afirmação ilustra as seguintes qualidades da liberalidade, a serem adotadas por nós: abandonar a impureza da ganância, possuir natureza generosa, empreender esforço físico, oferecer objetos e fazer tudo isso com alegria.

Moralidade

As virtudes da moralidade são expressas da seguinte forma: "Minha moralidade é inquebrantável, sem falha, sem conspurcação, sem mancha, autocontrolada, louvada pelos sábios e conduz à realização do samádi". Esta afirmação ilustra qualidades a serem adotadas por nós. Elas serão descritas mais amplamente por ocasião do versículo: "Vós deveis praticar moralidade ininterrupta e não-aviltada / Não-conspurcada, imaculada e incorrupta".[8]

Deuses

As virtudes dos deuses assim se expressam: "Existem deuses que vão da categoria dos Quatro Monarcas Divinos (*cātur mahārāja kāyika*) e dos Trinta e Três (*trāyastrimśā*) à dos deuses chamados 'Aqueles que Controlam as Emanações dos Outros' (*paranirmita-vaśa-vartin*)".[9] A recordação dos deuses consiste em termos presente as qualidades que fizeram com que renascessem nesses estados celestiais, e em emulá-las em nossas práticas meditativas e morais etc.

2. Os Dez Caminhos

Visto que as seis lembranças tornam a mente pura e representam fonte de grande mérito,[10] elas são apresentadas em primeiro lugar. Os versos seguintes indicam que a pessoa que possui uma atitude de fé sincera para com estes seis objetos que são o Buda etc., deve, em seguida, aplicar-se na prática da virtude.

(5, dois primeiros versos)

Praticai constantemente os dez caminhos do carma virtuoso
— Por meio do corpo, fala e mente.

Os caminhos virtuosos do carma[11] são chamados "virtuosos" porque produzem inúmeros resultados desejáveis, "carma" porque em essência consistem em ações, e "caminhos" porque conduzem a estados de existência auspiciosos.[12]

Eles são, ademais, de dez tipos — desde a abstenção de tirar a vida até a visão correta. Três deles (abstenção de tirar a vida etc.) dizem respeito ao corpo; quatro (abstenção de dizer falsidades etc.) referem-se à fala, e três (abstenção da cobiça etc.), à mente. As palavras destes versos, portanto, declaram que devemos praticar constantemente os dez — por meio do corpo, da fala e da mente, respectivamente.

Os dez caminhos do carma virtuoso são praticados evitando-se os dez caminhos do carma não-virtuoso (tirar a vida etc.). Poder-se-ia indagar então, como são definidos estes atos não-virtuosos. De modo geral, são definidos como a prática e consumação do ato em questão (o de tirar uma vida etc.) sobre um objeto determinado, e sob estado mental aflitivo.

"Estado mental aflitivo" é aquele em que a pessoa está tomada por qualquer um dos três venenos — desejo, ódio e ignorância. Porém, mesmo na presença de um estado mental aflitivo, os atos praticados com uma intenção que não reconhece de forma exata a natureza do objeto, não chegam a constituir um caminho cármico completo[13] mesmo que tenham sido consumados, já que os dois elos, o da intenção[14] e o da preparação,[15] não ocorreram.

Caso existam tanto a mente aflitiva quanto a intenção, mas, em razão de um equívoco da mente, o ato seja executado sobre algum outro objeto, não constituirá um caminho cármico completo, mesmo que venha a se consumar, pois a intenção e a preparação estão erradas.

Se estiverem presentes tanto a mente aflitiva quanto a intenção, mas o ato não for praticado nem consumado, não constituirá caminho cármico completo, porque foi apenas concebido na mente, ao passo que os elos da preparação e do estágio principal (ou seja, a efetiva perpetração do ato)[16] não ocorreram.

Se estiverem presentes a mente aflitiva e a intenção, e houver uma tentativa de executar o ato sem que ele chegue a ser concluído, o ato não constituirá um caminho cármico completo, porque o elo do estágio principal não terá ocorrido.

Quando a mente aflitiva e a intenção estão ambas presentes, e a tentativa e conclusão de um dado ato são executadas em relação a um dado objeto, existe um caminho completo de carma não-virtuoso. Mais especificamente, entende-se que as definições dos dez caminhos do carma possuem cinco elementos: objeto, intenção, preparação, aflição mental e conclusão.

Entre estes, o "objeto"[17] é a entidade sobre a qual um dado ato (por exemplo, tirar a vida) é praticado: a coisa, animada ou inanimada, por intermédio da qual ocorre qualquer um dos dez caminhos não-virtuosos do carma.

A "intenção" divide-se em duas partes: concepção[18] e motivação. A concepção, por sua vez, pode ser de quatro tipos: (1) conceber corretamente o objeto, como sendo aquilo que ele é; (2) conceber aquilo que não é o objeto como sendo tal; (3) conceber aquilo que é o objeto como não sendo tal; e (4) conceber aquilo que não é o objeto como não sendo tal. Apenas o primeiro tipo pode constituir um elo do caminho cármico, pois nenhum ato poderá ser completado através de qualquer um dos outros três.

"Motivação" é o desejo de executar um determinado ato sobre um dado objeto. "Preparação" é todo o esforço das três portas (tanto as de si próprio quanto as de outrem) iniciado com a finalidade de conseguir um determinado feito. "Aflição mental" é qualquer um dos três venenos — desejo, ódio ou ignorância.

"Conclusão" é a consumação do ato desejado por meio dos esforços a ele associados, e pode ocorrer tanto no mesmo momento em que tais esforços são envidados quanto em ocasião subseqüente.

Assim, deve-se entender que os caminhos cármicos não-virtuosos são definidos em termos desses cinco elementos.

Tirar a Vida

O objeto do ato de tirar a vida[19] é um ser vivo. É chamado "concepção não-equivocada" quando a pessoa que mata concebe o ser como algo vivo e, ademais, possui uma concepção exata do objeto como sendo aquele que deseja matar.

O pensamento que surge — "Vou matar esta criatura", fundado na concepção descrita — é a intenção de matar a criatura. O fato de a pessoa em questão ser tomada por qualquer um dos três venenos fundamentais (desejo, ódio e ignorância) e predispor sua mente dessa maneira, representa a "aflição mental".

Se, com tal intenção e mente aflitiva, essa pessoa ou ainda outra, por indução da primeira, tentar matar determinado ser, por qualquer meio (por exemplo, golpeando-o com uma arma), e a criatura vier a morrer imediatamente em decorrência desse esforço (ou seja, ao ser golpeada), o caminho cármico completa-se naquele mesmo instante. Se o ser vier a morrer em momento posterior em decorrência do esforço, o caminho cármico completar-se-á por ocasião da morte.

Tomar o Que não é Dado

O objeto do ato de tomar o que não é dado[20] é qualquer bem que pertença a outra pessoa. A concepção é reconhecer o objeto como tal. A intenção é o desejo de apropriar-se dele, a aflição mental é qualquer um dos três venenos e a conclusão é a remoção do bem para outro local.

Má Conduta Sexual

O objeto do ato de má conduta sexual[21] pode ser qualquer um dos seguintes: (1) mulher com a qual seja impróprio realizar atividade sexual; (2) mulher com a qual a atividade sexual seria permissível, mas a parte do corpo, o lugar ou a ocasião sejam impróprios; e (3) outro homem ou pessoa sexualmente deficiente.

A concepção é reconhecer, de forma não-equivocada, qualquer objeto entre os mencionados como tal. A intenção é o desejo de manter relação sexual. A aflição mental é qualquer um dos três venenos e a conclusão é o fato de dois indivíduos nessas condições efetuarem contato físico.

Dizer Falsidades

O objeto do ato de dizer falsidades[22] é algo visto, ouvido ou percebido, e o seu oposto. A concepção é formular o oposto do que foi visto, ouvido ou percebido. A intenção é a de expressar tal concepção inventada. A aflição mental é qualquer um dos três venenos e a conclusão dá-se quando outra pessoa recebe um entendimento falso em resposta à sua pergunta.

Difamação

O objeto da difamação[23] tanto pode ser pessoas que estejam em harmonia recíproca, quanto pessoas que não o estejam. A concepção é reconhecê-las como objeto de difamação. A intenção é o desejo de que elas venham a se desavir, ou de que elas não se reconciliem. A aflição mental é qualquer um dos três venenos. A conclusão é pronunciar palavras destinadas a causar desunião, seguidas de sua compreensão.

Palavras Ríspidas

O objeto de palavras ríspidas[24] são seres sencientes que causaram sentimentos hostis. A concepção é reconhecê-los como tal.

A intenção é o desejo de proferir palavras ríspidas e a aflição mental é como foi dito anteriormente. A conclusão é pronunciar palavras ríspidas dirigidas a esses seres.

Palavras Vãs

O objeto de palavras vãs[25] é um tema desprovido de propósito. A concepção é o ato de concebê-lo, e a intenção é o desejo de falar sobre ele. A aflição mental é como dito antes e a conclusão é pronunciar tais palavras.

Cobiça

O objeto da cobiça[26] é a riqueza ou os bens de outrem. A concepção é reconhecê-los como tal e a intenção é desejá-los para si. A aflição mental é como foi dito anteriormente e a conclusão é a determinação de se apropriar da riqueza ou bem para si.

Malquerença

O objeto e a concepção da malquerença[27] são os mesmos das palavras ríspidas. A intenção é a de ferir ou por outra forma infligir mal a outros seres e a aflição mental é, como dito antes, qualquer um dos três venenos. A conclusão é a determinação de ferir ou causar dano a outros seres.

Visão Errônea

O objeto da visão errônea[28] são a lei de causa e efeito, as Quatro Verdades e outros significados verdadeiros. A concepção é formulá-los como não-verdadeiros. A intenção é abraçar essa opinião. A aflição mental é como foi dito anteriormente e a conclusão é a determinação de blasfemar contra tais verdades.

Para uma explicação mais abrangente da classificação destes dez caminhos cármicos, devem-se consultar escrituras como a *Nirṇaya Saṃgraha*. Não me estendo mais por temer que a exposição se torne excessivamente longa. Assim, deve-se entender que os dez caminhos virtuosos do carma (ou seja, a abstenção de tirar a vida etc.), não são outra coisa senão evitar os dez caminhos do carma não-virtuoso que acabamos de explicar e renunciar a eles, mesmo quando seus objetos nos estão próximos.

As substâncias inebriantes são causa de todo tipo de más ações e, portanto, muito prejudiciais. Seu consumo, sendo por decreto contravenção,[29] não está incluído entre os caminhos cármicos. Por isso, a abstenção de substâncias inebriantes é tratada no contexto da adoção do modo de vida correto.

(5, dois últimos versos)

Abstende-vos de substâncias inebriantes e, em contrapartida,
Comprazei-vos com um modo de vida virtuoso.

Por provocarem desatino,[30] devemos nos abster de substâncias inebriantes, em todas suas formas, quer feitas de grãos, quer da mistura de diferentes ingredientes. Também é dito que devemos nos comprazer com um modo de vida virtuoso: ou seja, ingerir comida, bebida etc., de forma que não prejudique outros nem cause desatino.

Os próximos versos têm o fim de ilustrar que aquele que se mantém nos caminhos do carma virtuoso deve praticar oferenda de donativos, segundo seus meios.

(6)

Reconhecendo que a riqueza é efêmera e insubstancial,
Exercei-vos adequadamente em atos de liberalidade,
Em prol de *bhikṣus*, brâmanes, pobres e amigos.
No futuro não haverá amigo melhor que a liberalidade.

A riqueza material, como comida e roupas, é chamada "efêmera" porque é instável. É chamada "insubstancial" porque não proporciona satisfação que seja real ou duradoura. Compreendendo que essa é a natureza da riqueza material, devemos praticar atos de generosidade adequadamente — ou seja, respeitosamente — a fim de conferirmos valor verdadeiro a tal riqueza.

Com o desejo de honrá-los ou assisti-los, devemos oferecer donativos aos *bhikṣus* e brâmanes, que constituem o "campo da virtude";[31] aos desprovidos e enfermos, que constituem o "campo da miséria";[32] e a amigos como os pregadores do Darma e pai e mãe, que constituem o "campo do amparo".[33]

Visto que, no futuro, grandes resultados serão gerados por tal generosidade, diz-se que não há amigo mais útil para vidas futuras do que a liberalidade. Conforme está dito na escritura *Madhyamakāvatāra*:

> A pessoa que quebra o esteio da moralidade, mesmo que
> Venha a adquirir riqueza, em razão de algum ato de generosidade,
> Decairá para os estados inferiores.[34] E, exaurida a raiz geradora de tal riqueza,
> Daí em diante deixará de adquirir coisa alguma.
>
> [capítulo 2, estrofe 4]

Dado que o fruto da generosidade, quando apartado da moralidade, é usufruído por seres de estado inferior, nenhuma liberalidade ulterior será desenvolvida em prol de vidas futuras e, portanto, a própria condição de riqueza chegará a um fim.

Na mesma escritura, diz-se ainda:

> Quando as virtudes são cultivadas no campo da moralidade,
> A fruição de seus resultados não é interrompida.
>
> [cap. 2, est. 6]

Generosidade combinada com moralidade resultará em grande riqueza a ser desfrutada em uma vida como deus ou ser humano. E, como nesse estado se pratica ainda mais liberalidade apoiada em moralidade, a fruição de abundantes frutos, em vidas posteriores, será interminável.

Portanto, para que méritos como os da liberalidade não venham a ser desperdiçados, os versos seguintes exortam à observância da moralidade.

(7)

> Vós deveis praticar moralidade inquebrantável e não-aviltada —
> A moralidade não-conspurcada, imaculada e incorrupta
> Foi declarada a base de todas as virtudes,
> Da mesma forma que a terra está para todas as coisas móveis e imóveis.

Em essência, os versos simplesmente afirmam que devemos praticar moralidade. Que qualidades deve ter nossa prática moral? Deve ser "inquebrantável", no sentido de não transgredir nenhum dos preceitos que foram aceitos. A moralidade deve ser "não-aviltada", no sentido de não os transgredirmos muitas vezes; "não-conspurcada", no sentido de não ser poluída por pensamentos não-virtuosos. Ela deve ser "imaculada", no sentido de que sua prática não tem por finalidade a continuidade da existência ou a riqueza material. Finalmente, a moralidade deve ser "incorrupta", no sentido de que a prática moral não se transmude em qualquer outra forma.

Visto que prática moral com estas qualidades traz liberação da escravidão da existência samsárica, ela representa liberdade. Tal prática moral, portanto, é louvada pelos sábios, os *āryas*. Também conduz à obtenção do samádi, porque a mente fica tranqüila quando somos dotados de moralidade.

Uma explicação também pode ser dada a partir de uma afirmação contida no *Abhidharmakośa* (cap. 4, est. 123): "... não-manchada pela imoralidade nem por sua causa — fundada no seu antídoto e na paz".[35] O texto indica que nossa prática moral deve ser dotada de firmes qualidades. Deve ser "inquebrantável", por não ser maculada por qualquer conduta imoral, a saber, as aflições mentais. Deve ser "não-conspurcada", com apoio em práticas como a meditação sobre a impureza[36] do corpo, pois tais práticas constituem antídotos para as aflições mentais. Finalmente, deve ser "imaculada", por ser mantida pela aspiração à paz do nirvana.

Poder-se-ia indagar que valor há em seguirmos tal moralidade. O Buda declarou que, do mesmo modo que a terra é a base de todas as coisas móveis e imóveis, a moralidade é a base da concentração meditativa, da sabedoria, e assim por diante, ou seja, de tudo o que tenha mérito, tanto mundano quanto transcendental. Como a pessoa dotada de moralidade se verá livre de impedimentos como o arrependimento etc., poderá gradualmente alcançar o samádi. Com a obtenção da serenidade mental, pode surgir a visão verdadeira e precisa da consciência transcendental, e é por meio desta consciência transcendental que finalmente alcançamos a liberação[37] — a eliminação das aflições mentais.

3. As Seis *Pāramitās*

Em terceiro lugar, vem a instrução para nos atermos ao caminho Mahayana das seis *pāramitās*.[38] A estrofe que se segue visa ilustrar que, após nos termos purificado através da prática das dez ações virtuosas, liberalidade e moralidade, conforme foi explicado, devemos nos treinar adequadamente nas seis *pāramitās* do caminho Mahayana.

(8)

Liberalidade, moralidade, paciência, esforço, meditação
E igualmente sabedoria; desenvolvei estas incomensuráveis
Pāramitās e, tendo cruzado o mar da
Existência, tornai-vos Senhor dos Vitoriosos.[39]

A doação de nossos bens — riqueza pessoal e até mesmo nosso corpo — constitui liberalidade.[40] Moralidade[41] consiste no abandono das ações não-virtuosas, juntamente com seus fundamentos. A capacidade de suportar dificuldades é paciência.[42] Esforço[43] consiste na disposição de praticar ações virtuosas, e meditação[44] é a qualidade estável da mente, de forma unidirecionada, sobre um objeto virtuoso. Conhecimento verdadeiro e exato constitui sabedoria.[45] Ademais, estas seis práticas devem ser respaldadas pela Mente *Bodhi* [46] e pela sabedoria que não conceitualiza as Três Esferas.[47] Por estarem respaldadas na Mente *Bodhi*, não se enquadram no escopo dos *śrāvakas* e *pratyekas*, e, assim, são "incomensuráveis". Da mesma forma, dado que as Três Esferas não são conceitualizadas, a sabedoria se estende ao seu limite mais amplo; por isso, elas são também chamadas *pāramitās* ("as que alcançaram o outro lado").

"Desenvolver" estas *pāramitās* significa que devem ser praticadas de forma tal que se tornem cada vez mais altamente aperfeiçoadas. E, uma vez que o outro lado do oceano da existência tenha sido atingido, devemos alcançar a Senhoria dos Vitoriosos, ou seja, o Estado Búdico que igualmente conduz outros seres até lá.

Destas seis, as *pāramitās* da liberalidade, moralidade e paciência constituem a acumulação de méritos.[48] Esta acumulação de méritos proporciona aos *bodhisattvas* abundante bem-estar nos estados de existência mais elevados, enquanto permanecem no samsara, e, quando da realização do perfeito Estado Búdico, serve de causa para o "Corpo de Forma" do Buda. Este último constitui a perfeição do zelo pelos interesses dos outros.[49] Conforme declara o *Madhyamakāvatāra*:

> Estes três darmas — liberalidade, moralidade e paciência — foram
> Recomendados pelos Sugatas especialmente para os pais de família.
> Eles mesmos são chamados de acumulação de méritos,
> Causa do Corpo de Forma do Buda.
>
> [cap. 3, est. 12]

A acumulação de conhecimento[50] compreende as *pāramitās* da meditação e da sabedoria. Durante o período em que o *bodhisattva* permanece no samsara, ela serve de causa tanto para que continue não-conspurcado pelas impurezas do samsara, quanto para a prestação de ajuda aos outros. Quando da realização do perfeito Estado Búdico, ela é a causa do "Corpo de Darma"[51] do Buda. Este corpo constitui o preenchimento de interesses próprios.[52] Como diz a *Ratnāvalī:*

> O Corpo de Forma dos Budas
> Nasce da acumulação de méritos.
> O Corpo de Darma, em suma, ó Rei,
> Nasce da acumulação de conhecimento.
>
> [cap. 3, est. 12]

O esforço atua como causa para ambas as acumulações. A escritura *Madhyamakāvatāra* afirma:

> Tudo o que contém virtude advém do esforço, e é
> Causa tanto das acumulações de méritos como de conhecimento.
> O nível em que o esforço se torna incandescente
> É o quarto, chamado "Luz Radiante".
>
> [cap. 4, est. 1]

As seis *pāramitās*, portanto, abarcam as duas acumulações; e, visto que estas duas produzem todo o bem-estar dos *bodhisattvas*, não só durante sua presença no samsara como também ao atingirem o nirvana, foi determinado que o caminho Mahayana inteiro está contido nestas seis *pāramitās*.

Capítulo 2

Instrução dirigida principalmente a pais de família

Este capítulo contém nove seções. A primeira trata da honra devida a pai e mãe.

1. Respeito a Pai e Mãe

(9)

Qualquer família que reverenciar pai e mãe
Será assistida por Brahma e por mestres espirituais.
Seus membros alcançarão renome por venerá-los,
E mais tarde passarão aos estados elevados.

A família que, com respeito, honra seu pai e sua mãe, estará livre do mal, tanto humano quanto não-humano. O fato de que seus membros serão "assistidos por Brahma" significa que receberão as bênçãos dos deuses; e "assistidos por mestres espirituais" significa que receberão, igualmente, as bênçãos adquiridas por meio das virtudes especiais dos homens santos.

Um benefício imediato de tal reverência é que, na própria vida atual, dá origem a boa reputação. Quanto ao futuro, possibilitará renascimento nos estados elevados. Portanto, aqueles que vivem como pais de família devem exercer muita diligência em honrar pai e mãe.

2. Observância de *Upavāsa*[1]

Dado que é difícil, àqueles que vivem como pais de família, seguir todo o tempo um modo de vida religioso, os versos seguintes apresentam o rito de *poṣadha*,[2] composto de oito preceitos, de modo que tais pessoas possam segui-lo, mesmo que apenas pelo período de um dia completo.

(10, 11)

Quando alguém evita o mal, o roubo,
Relações sexuais, mentiras, bebidas,
O desejo por comida em momento inoportuno, prazer com um
posto elevado, canto, dança, várias formas de jóias —

E toma estes oito preceitos, emulando a prática moral
Dos *arhats*, isto é *poṣadha* — que confere, tanto a homens
Quanto a mulheres, o corpo atraente de um deus
do mundo dos desejos.

A observância dos oito preceitos que incitam à prática moral dos *arhats* do passado, durante um dia inteiro, é denominada *poṣadha*. Estes oito preceitos são a abstenção de: (1) causar mal — o que quer dizer tirar a vida; (2) roubar — o que quer dizer o ato de tomar aquilo que não é dado; (3) manter relações sexuais; (4) dizer mentiras; (5) bebidas alcoólicas e todas as substâncias inebriantes — que são fontes de desatino; (6) comida em momento inoportuno; (7) posto elevado — aquele com mais de um côvado de altura; (8) canto, dança, todos os ungüentos (exceto aqueles usados para tratar doenças), e quaisquer formas de jóias. O fruto da observância destes preceitos é a obtenção, em vida futura, do corpo atraente de uma das seis categorias de deuses do mundo dos desejos.[3]

Poder-se-ia perguntar a quem acontecerá isto. Acontecerá a qualquer homem ou mulher dos três continentes que mantiver a prática mencionada. Não ocorrerá a outras pessoas, porque são incapazes de tomar os votos *pratimokṣa*.[4]

O voto *upavāsa* é composto de cinco elos: (1) compromisso de se abster de causar mal aos outros; (2) compromisso de se abster de causar mal a si próprio e aos outros; (3) preservação dos preceitos contra corrupção; (4) conservação de presença mental e consciência, de modo a se abster de causar mal à vida e aos pertences dos outros, bem como a impedir que os preceitos venham a se corromper; e (5) impedir que a memória se torne turva.

O primeiro destes elos consiste em abster-se de causar mal à vida e aos pertences dos outros. O segundo consiste em abster-se de relações sexuais, pois, ao abster-se de contato sexual com o próprio cônjuge, a pessoa evita causar mal a si própria e, ao abster-se de contato sexual com a esposa de outrem, evita causar mal a terceiros.

O terceiro elo consiste em abster-se de dizer mentiras. O quarto consiste nos três preceitos restantes — com exceção da abstenção de substâncias inebriantes —, pois quando pessoas que constantemente se regalam com dança, música, ungüentos, jóias, postos elevados e alimentação extemporânea se abstêm temporariamente de tais práticas, elas se conservam, todo o tempo, em estado de atenta lembrança, refletindo sobre como estão se nutrindo com a observância de *poṣadha*.

O quinto elo é a abstenção de substâncias inebriantes, pois a falta de cuidado e a confusão que advêm das bebidas alcoólicas nos induzem a violar os preceitos involuntariamente, a despeito da intenção de permanecermos atentos e conscientes.

Poder-se-ia perguntar por que a abstenção de aceitar ouro e prata, apesar de incluída entre os preceitos do *śramaṇera*,[5] não integra os preceitos do *upavāsa*. A razão é que um *śramaṇera* abraça o estado de asceta sem lar, para quem duas atividades são totalmente indevidas e descabidas: (1) gratificação excessiva com prazeres sensoriais, como deleitar-se com jogos e comportar-se licenciosamente, e (2) acumulação de riqueza. Neste caso, as renúncias que vão desde a abstenção de dança, canto, música etc. até a abstenção de alimento em hora inoportuna, são aceitas a fim de evitar a primeira impropriedade (gratificação excessiva com prazeres sensoriais). O abandono da prática de aceitar ouro e prata visa evitar a segunda impropriedade, na medida em que ouro e prata constituem tanto a raiz quanto a substância do acúmulo de riqueza. Isto, porém, não representa nem uma ofensa grave nem uma impropriedade para pais de família, de modo que renunciar à aceitação de ouro e prata não se inclui entre os preceitos do *upavāsa*.

Poder-se-ia perguntar por que a gratificação com dança, canto, música, perfumes, jóias e ungüentos compõe a base de um único preceito dos votos do *upavāsa*, ao passo que, no caso do *śramaṇera*, corresponde a dois preceitos. É assim porque, se um pai de família se entregar a todos eles, precisará absolver-se de uma única ofensa, e não de duas. Portanto, estão incluídos em um único preceito para serem mais brandos. Estas atividades, no entanto, são de todo impróprias àqueles que deixaram para trás a vida em família. Para maior rigor, elas compõem dois preceitos, de sorte que duas ofensas — e não apenas uma — teriam que ser expiadas, na hipótese de sua violação.

3. Abstenção de Atitudes Incorretas

Em decorrência de seu apego a atividades inferiores, os pais de família dão origem a um grande número de atitudes incorretas, tais como ganância e assim por diante. Dado que tais atitudes provocam nascimento em estados inferiores de existência, os versos seguintes são enunciados para que possam ser rejeitadas.

(12)

Considere inimigos avareza, astúcia e impostura,
Apego, ócio, arrogância,
Concupiscência e ódio, presunção por
Posição social, aparência física, saber, saúde e poder.

Ganância[6] é um forte apego a bens materiais, opondo-se à generosidade. Astúcia[7] é a utilização de métodos para ocultação de falhas. Impostura[8] é a exibição de atributos falsos com a finalidade de enganar os outros, e apego[9] é desejo pelo corpo e por riqueza material. Ócio[10] é a aversão a atividades virtuosas, e arrogância[11] é o sentimento inflado que aparece quando acreditamos que possuímos qualidades extraordinárias, as quais, em realidade, não possuímos. Concupiscência[12] é o desejo por relações sexuais, e ódio[13] um sentimento de malquerença em relação a outro ser.

Estas oito atitudes e a presunção[14] — o sentimento inflado provocado por apego aos cinco objetos mencionados (família de elevada posição social etc.) — formam os treze darmas não-virtuosos que roubam a essência vital da virtude. Desta maneira, devemos vê-las como inimigas, não cedendo a elas nem mesmo por um instante.

Orgulho é definido como a atitude inflada que advém da comparação da posição da nossa família (ou qualquer outra coisa) com a dos outros. Presunção, por outro lado, define-se como a atitude inflada que surge quando consideramos a posição da nossa família etc. independentemente da dos outros. O *Abhidharmakośa* explica:

Orgulho é a condição de estar inflado, ao passo que
Presunção é uma fixação da atividade mental provocada
Por apego a nossos próprios atributos.

[cap. 2, est. 33]

4. Prática da Presença Mental

A presença mental é a origem de todas as coisas virtuosas. Visto que mesmo os pais de família são capazes de manter presença mental, os versos seguintes têm o fito de conservá-los dentro desta atitude.

(13)

O Muni declarou ser a presença mental o caminho da
Imortalidade, e a desatenção o caminho da morte.
Destarte, praticai constantemente presença mental com
Respeito, a fim de cultivar darmas virtuosos.

Presença mental[15] é o estado que, atentamente, volta a mente para darmas virtuosos, guardando-a daqueles que sejam impuros. Ela é a via que conduz ao néctar da imortalidade, o estado imortal do nirvana. Seu oposto, a desatenção,[16] é a via que conduz à experiência de sofrimento que é o nascimento e a morte no samsara. O Muni declarou isto do seguinte modo:

A presença mental é o caminho da imortalidade
— A desatenção o caminho da morte.
Aqueles que conservam presença mental não morrerão —
Os desatentos já estão mortos.

Portanto, aplicai-vos sempre à presença mental — a prática de habituar-vos aos darmas virtuosos — a fim de fazer nascer os darmas virtuosos que ainda não foram gerados, bem como desenvolver ainda mais os que já o foram.

Os próximos versos respondem ao seguinte pensamento: "Se pretendíeis auxiliar-me, por que não proferistes esta instrução logo de início? Dado que fui remisso no passado, o que posso fazer agora?"

(14)

Belo como a lua que se desembaraça das nuvens,
É aquele, anteriormente negligente, que se torna atento —
Semelhante a Nanda, Aṅgulimāla,
Ajātaśatru e Udayana.

Pode ser que, no passado, tenhamos cometido atos não-virtuosos irrefreadamente, quer dominados por aflições mentais, quer influenciados por más companhias e, portanto, já tenhamos sido negligentes. No entanto, se mais tarde encontrarmos um amigo espiritual[17] e, empenhando-nos com diligência em adotar condutas corretas, nos tornarmos atentos e presentes mentalmente, viremos a ser muito belos, tal qual a lua que se desembaraçou das nuvens que a obscureciam.

Os seguintes exemplos são oferecidos em resposta à indagação sobre se já houve casos com estas características. Nanda era um jovem da linhagem Śākya, cheio de lascívia, e primo mais novo do Senhor Buda. Ordenado pelo Tathagata quando era incapaz de suportar até mesmo um instante de separação de sua esposa, pensava nela dia e noite — e nunca em praticar virtudes. Então, o Bhagavan lhe revelou a condição pavorosa dos infernos, e Nanda ficou aterrado. Orientado para meditar sobre o Caminho, ele alcançou o estágio de *arhat*, e foi declarado o mais comedido dos discípulos do Buda.

Aṅgulimāla era filho de um brâmane. Por ser pouco esperto, foi enganado por um professor que o dirigiu para um caminho perverso, dizendo-lhe que, matando mil seres humanos e fazendo uma guirlanda com seus dedos, ele estaria realizando a verdadeira prática do Darma. Quando havia matado mil menos um, encontrou o Tathagata e foi ordenado por ele. Mais tarde, alcançou o estágio de *arhat*.

Em razão de sua associação com o perverso Devadatta, Ajātaśatru[18] cometeu inúmeros pecados, inclusive o assassinato de seu próprio pai, o pio Rei Bimbisāra. Posteriormente, ao adquirir fé no

Buda, pôde livrar-se das conseqüências de seus pecados, e foi declarado pelo Bhagavan o mais fiel dos *upāsakas*.[19]

Udayana havia assassinado sua própria mãe porque ela o impedira de dormir com a mulher de outro homem. Embora ordenado *bhikṣu*, foi banido da *saṇgha* quando se soube que havia cometido um dos pecados "imediatos".[20] Estabelecendo-se em uma região remota, construiu um templo onde grande número de monges devotos veio a fixar residência — com Udayana servindo como ancião. Após sua morte, Udayana renasceu no inferno em conseqüência de seu pecado imediato; todavia, por causa de sua dedicação exemplar à *saṇgha*, permaneceu aí apenas por curto período, e logo escapou, qual uma bola que ricocheteia. Após deixar o inferno, renasceu como um deus e alcançou o estágio de Integrante da Corrente,[21] ao lado do Bhagavan.

5. A Prática da Paciência

Quando muitas coisas indesejáveis acontecem, os pais de família freqüentemente se enraivecem; para dissuadi-los dessa reação, os versos seguintes mostram os méritos da paciência.

(15)

Não há austeridade igual à paciência,
Portanto, não deis lugar à raiva.
Ao superar a raiva, o Buda proclamou,
Atinge-se o Estágio de Não-Retorno.

Neste caso, paciência quer dizer não nos enraivecermos se formos feridos e, caso a raiva apareça, não continuarmos a abrigar esse sentimento. Visto que não existe em absoluto austeridade que possa se comparar à paciência, ela representa a mais elevada forma de austeridade. Lançar-se ao fogo ou à água, comer raízes e frutas, usar folhas e cascas de árvores como vestimenta e coisas tais, nada mais são do que atos de tortura do corpo. Como nem sequer conduzem aos estados superiores de existência, muito menos conduzem ao nirvana. Portanto, não são verdadeiramente austeridades.

Dado que a paciência possui benefícios tão grandes, não devemos nos permitir a menor oportunidade de ficar enraivecidos, pois a raiva opõe-se diametralmente a essa austeridade mais elevada. O Buda proclamou que, com a eliminação da raiva através da prática da paciência, alcança-se o estado de não-retorno ao mundo dos desejos. Um sutra afirma: "Abandonai a raiva, ó monges. Eu serei vossa testemunha para o Estágio de Não-Retorno".

A raiva e o desejo de objetos sensoriais são, ambos, causas de nosso nascimento no mundo dos desejos. Entretanto, visto que não podemos abandonar a raiva sem superar também o desejo por objetos sensoriais, foi declarado que podemos transcender o mundo dos desejos mediante o abandono da raiva.

Com esta instrução de que não devemos nos render à raiva desde o princípio, os versos seguintes afirmam que, na hipótese de ela surgir, devemos pacificá-la imediatamente, e não abrigar ressentimentos.

(16)

"Esta pessoa insultou-me, aquela feriu-me ou
Subjugou-me, aquela outra roubou minha riqueza".
Tais ressentimentos geram conflitos; aquele que
Abandona os ressentimentos dorme tranqüilo.

Pelo mesmo motivo que não devemos nos permitir qualquer oportunidade de enraivecer, devemos evitar ressentimentos. O ressentimento[22] é a fixação profunda na noção de que nos fizeram mal, como quando pensamos: "Esta pessoa insultou-me com palavras ofensivas"; "aquela pessoa feriu-me com uma vara (ou coisa parecida)"; "aquela pessoa subjugou-me à força" ou "aquela outra roubou minha riqueza". Tais ressentimentos não só dão margem a discussões, que constituem má conduta verbal, como nos fazem sentir infelizes. Ao abandonar os ressentimentos, somos capazes de dormir confortavelmente, pois nossa mente fica livre de tormentos. Assim, devemos nos exercer com grande diligência e abandonar os ressentimentos. O *Bodhicāryāvatāra* (cap. 6, est. 5) afirma: "Em suma, ninguém cuja natureza seja raivosa consegue gozar de bem-estar", e (cap. 6, est. 6): "Aquele que através da perseverança supera a raiva, será feliz nesta vida e nas outras".

6. Abstenção de Conduta Indecorosa

Visto que uma pessoa comum geralmente manifesta, de forma indiscriminada, as atitudes virtuosas e não-virtuosas descritas, os versos seguintes têm o propósito de reforçar estados mentais virtuosos e enfraquecer aqueles que não o sejam.

(17)

Entendei os pensamentos como figuras
Desenhadas na água, terra ou pedra.
Para um estado mental aflito, o primeiro é o melhor;
Diante da aspiração ao Darma, o último.

A atividade mental das pessoas pode apresentar graus variados de firmeza, que devem ser entendidos dentro de três tipos básicos: (1) como uma figura desenhada na água; (2) como uma figura desenhada na terra; e (3) como uma figura gravada na pedra.

No caso de uma mente aflita, é melhor que os pensamentos sejam instáveis, ou seja, como uma figura desenhada na água. Porém, com relação aos estados mentais virtuosos, como a aspiração ao Darma, é melhor que sejam estáveis como uma figura gravada na pedra. Portanto, exercei-vos de acordo com estes exemplos.

Assim como a firmeza dos pensamentos de uma pessoa é de três tipos, isso acontece com sua fala. Os versos seguintes ilustram como devemos nos conduzir no plano verbal.

(18)

O Jina declarou que a fala de uma pessoa pode ser de
Três tipos: agradável, verdadeira e inadequada —
Tal qual o mel, uma flor e a sujeira.
O último tipo deve ser abandonado.

O Jina ("Vitorioso"), o Conquistador de Todo Mal, declarou que a fala de uma pessoa é de três tipos. Quais são os três? São (1) a fala agradável e aprazível; (2) a verdadeira; e (3) a inadequada.

O primeiro tipo é semelhante ao mel porque causa deleite, enquanto o segundo é semelhante à flor, por sua beleza e merecimento de louvor. O terceiro, devido à sua torpeza, é como a sujeira. Abandonai, portanto, o último tipo e praticai os dois primeiros.

A conduta dos seres sencientes que habitam o samsara é de quatro tipos. Os versos seguintes ilustram que devemos manter o mais elevado deles.

(19)

As pessoas são de quatro tipos: aquelas que saem
Da luz e alcançam um fim de luz; as que saem da
Escuridão para um fim de escuridão; as que saem da luz
para a escuridão;
E da escuridão para a luz. Sede como o primeiro deles.

Está dito, em um sutra, que há quatro tipos de pessoas: a que vai da luz para a luz, e assim por diante. Isto é explicado da seguinte maneira.

As pessoas que nasceram entre os deuses ou humanos de grande ventura, e então renascem exatamente nas mesmas circunstâncias, são do tipo que sai da luz e alcança um fim de luz. As que nasceram nos estados inferiores de existência ou como humanos de pouca ventura e, então, renascem nas mesmas circunstâncias, são do tipo que sai da escuridão e alcança um fim de escuridão.

As pessoas que nasceram entre deuses ou humanos de grande ventura e, então, renascem em um dos três estados inferiores ou como humanos de pouca ventura, são do tipo que sai da luz e alcança um fim de escuridão. As que nasceram em um dos três estados inferiores ou como humanos de pouca ventura e, então, nascem entre deuses ou homens de grande ventura, são do tipo que sai da escuridão e alcança um fim de luz. Entre estes, devemos ser como o primeiro tipo, que vai da luz para a luz.

7. A Escolha de Companhia Correta

A seguir vem o aprendizado das qualidades corretas que nossos companheiros devem possuir. Um pai de família precisa relacionar-se com muitas pessoas, e os versos seguintes ilustram a maneira adequada de fazê-lo.

(20)

Deve-se entender que as pessoas são como
Mangas: há as verdes que parecem maduras,
As maduras que parecem verdes, as verdes que parecem
Verdes e as maduras que parecem maduras.

As pessoas, como a fruta da mangueira, são de quatro tipos, de modo que, após aprender quais são estas diferentes qualidades, deveríeis adotar uma conduta adequada.

Algumas mangas são verdes por dentro mas parecem maduras por fora, enquanto outras são maduras por dentro mas parecem verdes por fora. Em terceiro lugar, há aquelas que, no interior, são verdes e também parecem verdes por fora; por fim, há aquelas que são maduras por dentro e também parecem maduras por fora.

As pessoas são, similarmente, de quatro tipos. As primeiras são vulgares nos pensamentos, mas suas ações são boas. As do segundo tipo são o oposto disso. As do terceiro tipo pensam e agem de maneira igualmente vil, enquanto as do quarto tipo são excelentes tanto na atitude quanto na ação.

8. Abstenção do Desejo pela Esposa de Outrem

Esta seção contém duas partes. A primeira, que trata do método pelo qual o desejo é suprimido, tem três divisões. A primeira delas revela a prática pela qual modificamos nossas concepções e enxergamos o corpo como impuro.

O Método de Supressão
— Modificação da Concepção —

Má conduta sexual é algo a que os pais de família são particularmente suscetíveis; já que se trata de ofensa séria, os versos seguintes visam afastá-los dela.

(21)

Não olheis para a mulher de outrem; mas se dela vos
Aperceberdes, formulai a concepção de mãe, filha ou
Irmã, de acordo com sua idade. Se surgir apetite sexual,
Contemplai o estado impuro de seu corpo.

Um sutra diz:

— Ó Reverendo, como devemos nos comportar com relação às mulheres?
— Ānanda, não olhando para elas.

Assim, desde o primeiro momento, não deveis olhar para a mulher de outro homem. Se, não obstante, ainda assim dela vos aperceberdes, formulai uma das seguintes concepções, dependendo da idade da mulher: a de mãe, se ela for mais velha; a de filha, se for mais nova; e a de irmã, se for de vossa idade.

Se refletirdes desta maneira, mas ainda assim fordes tomado por apetite sexual, deveis contemplar a impureza de seu corpo: seus odores fétidos, o fato de ser composto por nove orifícios etc., como será explicado a seguir.

— A Vigilância da Mente e a Contenção dos Sentidos —

Os versos seguintes são formulados como um conselho para manter vigilância sobre a mente, na hipótese de que, após a contemplação de sua impureza, ainda assim o corpo seja considerado limpo.

(22)

Mantende vigilância sobre a mente dispersa como o
Faríeis diante de um grande saber, um filho, um tesouro
Ou vossa força vital. Recuai diante dos prazeres dos
Sentidos, pois são como a cobra, o veneno, a arma,
o inimigo e o fogo.

A mente, que se movimenta de objeto para objeto, sem um momento de descanso, deve ser sempre guardada daqueles objetos que propiciam o aparecimento das aflições mentais.

Como se faz isto? Mantendo vigilância sobre a mente com o mesmo cuidado que exerceríeis ao tentar impedir a perda das instruções e conhecimentos que adquiristes. Deveis zelar tal qual faríeis por um filho querido, uma arca que achásseis com grandes tesouros ou vossa própria preciosa vida.

É preciso, ademais, desenvolver aversão pelos prazeres dos sentidos. Como se faz isto? Desviando-se deles com temor, da mesma forma que diante de uma cobra venenosa em razão de sua repugnância, diante do veneno por causa de seu efeito letal, das armas porque produzem sofrimento, de um inimigo porque obstrui nosso bem-estar, e do fogo por causa de seu calor causticante.

Poder-se-ia perguntar: "Por que devemos sentir aversão — tal como perante uma cobra etc. — em relação aos prazeres dos sentidos, quando constituem experiência de algo atraente em sua forma?"

(23, dois primeiros versos)

Os objetos sensoriais produzem ruína. O Jinendra declarou que
São semelhantes ao fruto do *kimpāka* e devem ser abandonados.

No momento em que são experimentados, os objetos sensoriais propiciam prazer. Entretanto, porque produzem ruína ao final, são evitados pelos sábios. Por esta razão, o Jinendra[23] declarou que os objetos sensoriais, prazerosos no início mas causadores de angústia no final, são semelhantes ao fruto do *kimpāka*, que é ruim por dentro, embora a casca que o recobre seja agradável ao paladar.

As linhas seguintes ilustram, além disso, que os objetos sensoriais devem ser abandonados porque são uma das causas de estarmos presos ao samsara.

(23, dois últimos versos)

Por força de seus grilhões,
O mundo está atado à prisão do samsara.

Os objetos sensoriais também devem ser abandonados porque são os grilhões que atam firmemente todo o mundo à prisão do samsara. Diante disto, é necessário subjugar as faculdades sensoriais a fim de proteger a mente dos objetos impróprios. Os versos seguintes são apresentados como louvação àqueles que controlaram seus sentidos, de forma que possamos gerar perseverança nessa mesma direção.

(24)

Entre aqueles que triunfam sobre os seis sentidos
Sempre instáveis e dispersivos, e aqueles que triunfam
Sobre uma legião de inimigos no campo de batalha, os
Primeiros são vistos pelos sábios como os maiores heróis.

Os seis sentidos (da visão etc.), são instáveis porque estão permanentemente entrando em contato com objetos e mudando de um para outro. Eles derivam, movidos por um grande desejo por objetos. Algumas pessoas são capazes de subjugar as faculdades sensoriais por meio do antídoto correto. Há, por outro lado, pessoas que triunfam, no campo de batalha, sobre uma grande legião de inimigos bravios e destemidos. Os sábios consideram as primeiras — aquelas que triunfam sobre as faculdades sensoriais — como os maiores heróis; pois muitos são os que conseguem triunfar em combate físico, inclusive animais como leões e outros, e entretanto, são incapazes de obter controle sobre os sentidos.

— A Contemplação dos Defeitos do Objeto Desejado
e da Mente que Deseja —

Já foi dito que deveríamos "contemplar o estado impuro do corpo". Os versos seguintes respondem à pergunta de como fazer isso.

(25)

O corpo de uma jovem — de odor fétido,
Composto de nove orifícios, semelhante a um recipiente
De imundícies, difícil de ser preenchido e recoberto de
Pele — deve ser visto separadamente de seus adornos.

O corpo de uma jovem possui odores fétidos e é composto de nove orifícios que produzem várias impurezas. Cheio de vários tipos de substâncias impuras (excremento, urina etc.), ele é como um recipiente de imundícies.

É difícil de ser preenchido porque, por mais que se consuma comida e bebida, o corpo não é saciado. Desprovido de qualquer essência intrínseca, ele é, igualmente, apenas um objeto recoberto de pele. Por estas razões, não é um objeto digno de desejo.

No entanto, se alguém desejar o corpo de uma mulher por estar enfeitado e perfumado, deveria vê-lo tal como aqui descrito — separadamente de seus ornamentos. Então, o desejo sexual não nascerá. Conforme afirma o *Bodhicāryāvatāra*:

Se os perfumes aplicados ao corpo nada mais são do que
Sândalo e coisas assim, por que então deveria alguém
Passar a desejar uma coisa
Por causa da fragrância da outra?

[cap. 8, est. 65]

Uma vez apresentados os defeitos do objeto, os versos seguintes visam ilustrar o erro da mente envolvida por lascívia ou desejo, e mostrar que, por mais que alguém goze de objetos sensoriais, jamais conseguirá satisfação completa.

(26)

Entendei que o desejo por objetos sensoriais é
Semelhante a um leproso que, ansiando por conforto,
Quando atormentado por larvas, expõe seu corpo ao fogo,
Mas não obtém alívio.

Um leproso atormentado por larvas que corroem suas chagas poderá expor seu corpo ao fogo a fim de obter conforto; entretanto, seu penar, em vez de encontrar alívio, apenas aumenta. De igual modo o tolo, sequioso por objetos sensoriais, pode também entregar-se a seu gozo, buscando aliviar o tormento de seu desejo. Porém, em vez de ser aliviado por tal atitude, seu desejo apenas cresce. A *Ratnāvalī* afirma:

Pode haver prazer em coçar um prurido — porém
Mais prazerosa é sua ausência. Da mesma forma,
O mundo dos desejos oferece prazer, porém a ausência
De desejo constitui prazer ainda maior.

[cap. 2, est. 69]

A Abstenção das Sementes do Desejo

A segunda parte tem seis divisões, que apresentam o método para a eliminação total do desejo, junto com suas sementes. A primeira divisão trata do método em si.

— O Método em Si —

As práticas de meditação sobre a impureza do corpo e outras, conforme foi descrito, servem apenas para suprimir o desejo provisoriamente: elas não o erradicam. Por isso, os próximos versos enunciam que, se quisermos remover o desejo — bem como suas sementes — por inteiro, devemos meditar sobre o caminho apresentado a seguir.

(27)

A fim de enxergar o significado
Mais elevado, exercitai atenção adequada
Em relação a todos os entes.
Não há outro darma que seja tão virtuoso.

Este significado é o "mais elevado" porque é aquele que a mais elevada sabedoria percebe. Para enxergar esta natureza não-equivocada de todas as coisas com os olhos da sabedoria transcendente, precisamos exercitar atenção adequada em relação a todos os entes internos e externos,[24] como a forma[25] e os demais. "Atenção adequada" significa o exame destes objetos com sabedoria correta (*prajñā*), seguida da prática de nos habituarmos à compreensão assim adquirida, ou seja, trazendo-a repetidas vezes à mente consciente. O valor de assim proceder está em que nenhum outro darma no mundo inteiro possui tal qualidade de destruir as aflições mentais e fazer nascer o seu antídoto.

Poder-se-ia perguntar: "Como é este significado mais elevado? Como meditamos sobre ele com atenção mental adequada?" A "condição das coisas tal como elas são" (*tattva*),[26] constitui a verdadeira natureza de todos os darmas. É o que se chama "significado mais elevado".

Poder-se-ia, ademais, indagar como é esta "condição". A *Mūla-madhyamika Kārikā* afirma:

> "Não-constatável por meio dos outros, quiescente,
> Não possível de descrição por expressão verbal,
> Não-conceitual e indiferenciado" —
> Esta é a definição de *tattva.*
>
> [cap. 18, est. 9]

Tattva não pode ser apreendido diretamente por meio da linguagem e dos conceitos, nem se pode ganhar ciência dele através das revelações de outra pessoa. Antes, é compreendido pelo iogue de maneira inefável, por meio de uma consciência transcendente, inteligível apenas ao próprio indivíduo.

Além disso, não precisamos procurar por *tattva* em outra parte que não na verdadeira naturéza dos darmas da forma, e assim por diante, os quais estão sujeitos à lei da originação dependente.[27] Isto é assim porque não há objeto mais elevado do que a originação dependente; portanto, — (diferentemente do *ātman*[28] ou *prakṛti*[29] postulados pelas escolas não-budistas) — sua compreensão propicia liberação, ao passo que a ausência de tal compreensão faz com que continuemos atados à existência.

A pessoa "infantil"[30] permanece cativa porque não compreendeu com precisão a verdadeira natureza da forma etc. — aqueles entes cuja existência é dependente. Aferrando-se à crença de que todas as formas externas e internas etc., são entes reais, essa pessoa adere ao conceito de uma alma individual (*pudgala ātmagraha*) e à idéia de que todos os darmas possuem uma essência intrínseca (*dharma ātmagraha*).[31] Em conseqüência disto, ela permite o surgimento de todas as aflições mentais e conceitualizações, que são seus grilhões. A *Ratnāvalī* afirma:

> Enquanto houver apego aos agregados (considerados como realmente existentes)
> Também remanescerá a crença em uma natureza intrínseca.
> Da crença nessa natureza intrínseca advém o carma,
> E dele, por sua vez, o renascimento.
>
> [cap. 1, est. 35]

Com a inefável compreensão de *śūnyatā*,[32] conforme foi mencionado, abrangendo entes dependentes como forma etc., todas as aflições mentais e conceitualizações são eliminadas e se alcança a liberação. Esta mesma escritura afirma, em outra passagem:

> Quando se determina que (o samsara) não surge
> De si mesmo, de algo diferente, de ambas as coisas,
> Nem dos três tempos, a crença em uma natureza intrínseca
> Cessa — donde tanto o carma quanto o nascimento
> também o fazem.
>
> [cap. 1, est. 37]

A mesma "condição das coisas como elas são" de todos os darmas, descrita anteriormente, é também chamada "ausência de natureza intrínseca" (*anātman*).[33] Não há meio de alcançar liberação exceto pela compreensão de seu significado; e, dado que esta compreensão destrói todas as visões extremadas, ela é o "Caminho do Meio". Ninguém além do Buda — nem mesmo Īśvara ou Viṣṇu — é capaz de revelar o verdadeiro significado de *anātman*. Portanto, o *Catuḥśataka* expressa isto com as seguintes palavras:

> A única passagem para a paz,
> O destruidor de todas as visões errôneas,
> A apreensão de todos os
> Budas chama-se *anātman*.
>
> [cap. 12, est. 13]

Ademais, o processo de entendimento de *śūnyatā* implica a compreensão de que a natureza da forma etc. — daqueles darmas que constituem o mundo ilusório — é tal que sua existência última depende totalmente de fatores condicionantes apropriados; pois qualquer outro ponto de vista representaria cair no extremo do eternalismo (*śāśvatānta*) ou do niilismo (*ucchedānta*).

Isto está expresso em um sutra da seguinte maneira:

> Aquilo que surge de fatores condicionantes não surgiu;
> Não possui a natureza do surgir.
> Aquilo que depende de fatores condicionantes é chamado "vazio";
> Aquele que conhece a vacuidade adquiriu presença mental.

Ademais, a originação dependente pode ser entendida por meio do raciocínio conhecido como "negação dos quatro extremos do surgir". O próprio Ācārya afirmou no *Lokātītastava*:

> Diversos dialéticos asseveram que o sofrimento é produzido
> Por (uma causa) de natureza igual ou de natureza diversa;
> Que é produzido por ambas ou que não tem causa.
> Vós,[34] todavia, declarastes que se trata de originação dependente.
>
> [est. 19]

E, ainda mais,

> Um broto não passa a existir a partir quer de
> Uma semente que pereceu quer de uma que não pereceu.
> Vós afirmastes que toda originação
> É como o aparecimento de uma ilusão.
>
> [est. 16]

Quanto à prova desta doutrina, constata-se que os entes não aparecem a partir de uma causa dotada da mesma natureza, (1) porque seria incoerente que um objeto já existente produzisse a si mesmo; (2) porque o aparecimento do objeto, então, seria desprovido de qualquer propósito; e (3) porque o processo ou aparecimento resultaria em uma regressão infinita.

Constata-se que estes mesmos entes não aparecem a partir de causa dotada de natureza essencialmente diferente pois, se o fizessem, ter-se-ia que concluir que (1) qualquer coisa poderia aparecer a partir de qualquer outra coisa; e (2) entes incompatíveis poderiam possuir uma relação de causa e efeito.

Constata-se que os entes não aparecem a partir de uma causa dotada de natureza tanto igual quanto diferente, (1) porque as falácias decorrentes de cada uma das hipóteses isoladas se proporiam novamente; e (2) porque as duas hipóteses são contrárias.

Constata-se, ademais, que os entes não aparecem sem causa, (1) porque eles seriam ou eternamente existentes ou eternamente não-existentes; e (2) porque seria inútil lutar por um determinado resultado ou meta, aplicando-nos àquelas coisas que propiciam sua realização.

Visto que os entes não aparecem em virtude de qualquer destes quatro extremos, estabelece-se que sua ocorrência é totalmente dependente de fatores condicionantes apropriados. Este é o significado de originação dependente, que é o antídoto de todas as visões extremadas, e se denomina o "Caminho do Meio".

A escritura *Mūlamadhyamika Kārikā* afirma:

> Aquilo que aparece sob dependência denominamos
> "Vacuidade". "Vacuidade" significa que as coisas
> Designadas convencionalmente (*prajñapti*) são
> Contingentes (*upādāya*), e é ela mesma o Caminho do Meio.
>
> [cap. 24, est. 18]

Não há, em absoluto, perspectiva mental mais elevada do que a compreensão da originação dependente. Pelo fato de seu entendimento ser tão difícil, é preciso estudar os textos Madhyamika por longo período, antes que seu significado pleno possa ser apreendido.

O procedimento para meditar com a devida atenção mental inclui inicialmente uma análise profunda dos entes, por meio da sabedoria adquirida com o ouvir e o contemplar, de modo a determinar que sua natureza consiste em originação dependente — livre de todos os extremos de elaboração ou superposição conceitual. A seguir, deve-se meditar sobre esta compreensão, considerando-a uma e outra vez.

O texto *Yuktiṣaṣṭikā* afirma que:

> Aqueles cujas mentes transcendem e não ficam restritas
> Aos extremos da existência e da não-existência
> Estão meditando sobre o significado profundo da
> Condicionalidade e não-conceituação.

Assim, a meditação que consiste em meramente obstruir o processo conceitual ou em desposar uma visão extremada sobre a existência ou não-existência, a meditação desprovida da sabedoria que procura determinar a natureza da originação dependente, não é a verdadeira meditação. Por outro lado, a meditação sustentada por uma sabedoria que procura o significado da originação dependente, como já foi descrito, é a atenção adequada da mente e constitui a prática de *prajñā pāramitā*.[35]

Segue-se, à guisa de parêntese, versos que louvam a sabedoria e a moralidade. Estes versos de louvor têm o fim de gerar respeito pela mente que possui, como seu objeto, a visão correta que acabamos de explicar.

— Louvor à Sabedoria e à Moralidade —

(28)

Mesmo que uma pessoa provenha de família importante,
Possua belas feições e muitos conhecimentos, não será
Digna de honra se lhe faltar sabedoria e moralidade.
Assim, quem possui estas duas qualidades — embora lhe faltem
as demais — deve ser venerado.

Pessoas de família eminente, de bela compleição e que possuem conhecimentos adquiridos em escrituras abrangendo uma ampla gama de assuntos, mas que, todavia, carecem destas duas qualidades — sabedoria (que compreende a verdadeira natureza da realidade) e moralidade (que se abstém de más ações) — são indignas de honra e respeito porque não possuem as qualidades de uma pessoa excelente.[36]

Por outro lado, alguém que possua as qualidades de sabedoria e moralidade deve ser honrado e venerado — embora talvez lhe faltem as demais qualidades de berço de ouro, belas feições etc. —, porque possui as verdadeiras qualidades de uma pessoa excelente. Uma pessoa moral não pratica a não-virtude, e uma sábia empreende atos virtuosos; é a abstenção de atos vis ou não-virtuosos, juntamente com a prática de atos nobres ou virtuosos, que permite a alguém ingressar no rol dos excelentes.

— Abandono dos Darmas Mundanos —

O Caminho do *Ārya*[37] não se apresenta para aquele que persegue os oito darmas mundanos;[38] desta forma, os versos seguintes declaram que devemos ser indiferentes aos oito darmas mundanos a fim de nos predispormos ao surgimento do Caminho do *Ārya*.

(29)

Ó Conhecedor do Mundo! Ganho e
Perda, bem-estar e sofrimento, fama e descrédito,
Elogio e censura; sede indiferente a estes oito darmas
Mundanos, e não deixeis que entrem em vossa mente.

O Rei é tratado por "Conhecedor do Mundo" por causa de sua familiaridade com os modos do mundo.

Ficar alternadamente satisfeito e insatisfeito em função de (1) ganho e perda de riqueza material; (2) bem-estar, caracterizado por experiências prazerosas, e sofrimento, caracterizado por experiências dolorosas; (3) ouvir falar de nossa fama ou descrédito; e (4) elogios expressos em nossa presença e menosprezo manifesto em sigilo, são atitudes que tipificam os modos das pessoas voltadas para o mundo; são, portanto, denominados os "oito darmas mundanos".

Para transcender tal natureza mundana, devemos adotar uma atitude de indiferença em relação a estas coisas, e não nos permitir sentir desprazer com a perda e prazer com o ganho, e assim por diante.

São as atitudes de prazer em relação a ganho etc., que constituem os darmas mundanos, e não meramente o ganho e os demais fatores em si, visto que estas condições são igualmente experimentadas pelos *āryas*. Os oito darmas mundanos são, assim, formulados no sentido da atitude que assumimos em relação a eles.

É crença disseminada entre aqueles que têm a mente voltada para o mundo que o mal cometido em prol de um guru ou brâmane etc., não é iníquo. Os versos seguintes têm o fito de reverter uma opinião tão contrária ao verdadeiro significado do Darma.

(30)

Não façais o mal, nem mesmo em favor de um brâmane,
Bhikṣu, deus, pai ou mãe,
Filho, rainha ou séquito. Eles não ficarão com parte
Alguma de seus frutos infernais.

Não devemos cometer mal algum, nem mesmo em prol de qualquer pessoa, ainda que seja um brâmane ou qualquer das outras pessoas mencionadas. Isto porque o resultado desse mal dá frutos nos infernos, que a vós, apenas, caberá experimentar; parcela alguma desse sofrimento ficará com o brâmane etc.

Poder-se-ia indagar por que o resultado ou maturação[39] das más ações, tido como algo de natureza extremamente desagradável, não ocorre logo após a realização do ato. A resposta é que o carma[40] se apresenta em três diferentes tipos: o que é experimentado na vida atual (*dṛṣṭadharmavedanīya*),[41] o que é experimentado no próximo nascimento (*upapadyavedanīya*),[42] e o que é experimentado em alguma outra vida (*aparaparyāyavedanīya*).[43]

O primeiro dos três é o carma cujo resultado atinge a maturação na própria vida em que foi criado. Isto é ilustrado nos *Jātakas*[44] pelas histórias do urso e do veado *ru-ru*. O segundo tipo é o carma que atinge a maturação na vida seguinte, e é exemplificado pelo carma dos cinco pecados "imediatos".[45] O terceiro é o carma que alcança a maturação algum tempo após o nascimento seguinte àquele em que o carma foi criado. Destes três, o carma a ser experimentado no próximo nascimento é o tema dos versos a seguir.

(31)

Embora o carma negativo cometido
Não corte instantaneamente como uma espada,
O resultado das ações negativas torna-se
Evidente quando chega a hora da morte.

A prática de atos negativos não corta — isto é, não produz sofrimento — imediatamente, tal qual uma espada afiada, quando tocada. Não obstante, no momento da morte, experimentaremos uma variedade de sinais, como grande remorso e tormento, trazidos pelos mensageiros terríveis de Yāma.[46] São indicações do resultado que nossas ações perniciosas produzirão. Conforme está dito no *Bodhicāryāvatāra*:

Ao fitar aqueles que vos são próximos e já sem esperança,
Com os olhos rubros e inchados pelo pesar, lágrimas
Rolando pelas faces; e ao fitar igualmente
O semblante dos arautos de Yāma,

Atormentado pela recordação de vossos pecados e ouvindo
Os sons dos infernos, com o corpo sujo por sua própria
Imundície causada pelo medo, em total desalento,
O que ireis então fazer?

[cap. 7, est. 9-10]

— As Sete Riquezas —

Tendo assim abandonado os darmas mundanos, somos dirigidos pelos versos seguintes à aquisição das mesmas qualidades dos *āryas.*

(32)

O Muni declarou serem as sete riquezas fé,
Moralidade, generosidade e aprendizado imaculado, bem
Como decoro, modéstia e sabedoria. Reconhecei que as
Demais riquezas são triviais e desprovidas de significado.

Fé (*śraddhā*)[47] consiste em crença e pureza da mente em relação à lei do carma e seus resultados, às Verdades[48] e às Três Jóias.[49] Moralidade (*śīla*)[50] consiste na adoção de atitude correta para abandonar o que é condenável. A doação de nossos bens, quer como ato de veneração quer pelo desejo de prestar auxílio, constitui generosidade (*tyāga*).[51] Aprendizado (*śruta*)[52] é a escuta do Darma Sagrado, que nos traz mais perto da liberação, com o objetivo de adquirir conhecimento e não deve ser maculado pelo desejo por coisas como riqueza, honra ou fama.

Decoro (*hrī*)[53] é a abstenção de qualquer ato censurável por razões ligadas à própria pessoa, como quando pensamos: "Não é apropriado que alguém como eu, possuidor de aprendizado, moralidade etc., cometa atos perniciosos". Modéstia (*apatrāpya*)[54] é a abstenção de qualquer ato censurável por razões ligadas aos outros, como quando pensamos: "A prática do mal é desprezada pelas pessoas mundanas bem como pelas religiosas, de modo que, se as pessoas ouvirem que agi assim, serei objeto de desdém".

Sabedoria (*prajñā*)[55] é o discernimento dos atributos gerais e específicos dos darmas.

Pelo fato de serem raras e produzirem felicidade transcendente, o Muni declarou estas virtudes as "sete riquezas dos *āryas*". O ouro e outras riquezas comuns não são tão raros nem úteis enquanto causas para aquietar as aflições mentais; portanto, devemos nos dar conta de que são sem sentido — como a palha oca e vazia.

— Evitando os Impedimentos às Riquezas dos *Āryas* —

Uma vez declarado que devemos acumular as riquezas dos *āryas*, os versos seguintes visam ilustrar o meio de impedir seu desperdício.

(33)

Jogo, convívio com multidões, preguiça e
Más companhias, bebida e perambulação pela
Noite levam aos estados inferiores e à perda de
Reputação. Abandonai estas seis atividades.

Jogo (como o de dados), convívio com grandes grupos de pessoas (como quando se visa diversão), preguiça (que consiste em aversão à virtude) e más companhias (cuja proximidade provoca aumento de atos não-virtuosos), ingestão de bebidas alcoólicas e perambulação à noite — à casa de uma outra pessoa ou de uma vila a outra — são seis atividades que farão com que a pessoa renasça nos estados inferiores de existência em vidas futuras, e prejudicam sua reputação nesta vida. Assim, devem ser abandonadas, como nocivas à riqueza, saúde e virtude.

— Permanência em Estado de Contentamento —

Segue-se uma instrução sobre uma qualidade auspiciosa — a de manter uma atitude de contentamento.

(34)

O Mestre dos Deuses e Homens declarou que estar
Contente é a maior de todas as riquezas. Permanecei
Sempre contente. Aquele que conhece o contentamento é
Verdadeiramente rico, mesmo que desprovido de posses materiais.

O Mestre dos Deuses e Homens, o Buda, declarou que, entre todas as várias riquezas, como o ouro e outras semelhantes, a melhor é a atitude de contentamento,[56] cuja natureza consiste em não rememorar experiências passadas de riqueza, não ansiar por tal riqueza no futuro e não estar apegado a ela no presente.

Um sutra declara que:

Aquele que permanece disposto a dar, enquanto
Lhe falta mesmo um bocado de comida, é
Chamado homem de grande riqueza
Por aqueles que possuem visão correta.

Portanto, mantende sempre uma atitude de contentamento, pois, se assim o fizerdes, sereis verdadeiramente rico, embora vos faltem riquezas materiais como ouro e outras. A causa de ser "rico" está em ser capaz de permanecer contente.

Depois de assim descritos os méritos do contentamento, os versos seguintes visam indicar as desvantagens de ser descontente.

(35)

Amável Senhor! Aqueles que têm poucos desejos
Desconhecem a aflição daqueles que detêm muitas posses.
Tanto é o número de cabeças do chefe dos *nāgas*,
Quanto o sofrimento que delas provém.

O Rei é tratado por "amável senhor" por ser uma pessoa com quem é agradável se relacionar.

Os infortúnios decorrentes de muitas posses, como ouro, são descritos no *Bodhicāryāvatāra* da seguinte maneira:

Pelas atribulações que advêm de acumulá-la, guardá-la e
Perdê-la, a riqueza deve ser conhecida como um incessante
infortúnio.

[cap. 8, est. 79]

Assim, a pessoa que detém muitas posses é atormentada, primeiro, ao tentar acumular riqueza, depois, ao precisar guardá-la e, finalmente, ao perdê-la. As pessoas que possuem poucos desejos, entretanto, não são perturbadas da mesma forma.

É como, por exemplo, os mais eminentes dos *nāgas* — os reis dos *nāgas* — que podem ter apenas uma cabeça ou até três ou sete, e que experimentam grau de sofrimento igual ao número de suas cabeças. Outra explicação é a de que os reis dos *nāgas* possuem coroas de jóias em número igual ao de suas cabeças; por isso, quanto maior o número de coroas, maiores as atribulações ao precisar protegê-las.

Os próximos versos indicam a maneira de se escolher uma esposa apropriada, depois de conhecer suas várias qualidades e defeitos.

9. Como Tomar uma Esposa Apropriada

(36)

Fugi dos três tipos de esposa que são como uma
Assassina, que por natureza se associa com vossos inimigos,
Uma tirana, que desdenha seu marido, e
Uma ladra, que rouba até pequenos objetos.

Devemos evitar os seguintes três tipos de esposa: (1) aquela que, por natureza, se envolve com nossos inimigos e, assim, é semelhante a uma assassina, no sentido de que, ao buscar a companhia de outros homens, deseja matar seu marido; (2) aquela que é semelhante a uma tirana, no sentido de que não honra seu marido e age com desdém para com ele; e (3) aquela que é semelhante a uma ladra, no sentido de que rouba até pequenos objetos, sem falar de coisas de maior valor.

Os versos seguintes indicam que tipo de mulher devemos desposar.

(37)

Aquela que é complacente como uma irmã
Cara ao coração como uma amiga, desejosa de ajudar
Como uma mãe, e obediente como uma serva,
Deve ser honrada como uma deidade familiar.

Tomai uma esposa cordata como uma irmã, que se harmoniza com seu irmão e não despreza sua palavra. Tomai uma esposa que seja cara ao coração, tal qual uma amiga querida e gentil, que é sempre agradável. Desposai uma mulher tão desejosa de ajudar seu marido quanto uma mãe de ajudar seu filho, livrando-o de todo sofrimento físico e mental. Tomai uma esposa obediente, semelhante a uma serva, no sentido de que faz o que dizeis. Visto que a tais mulheres é dado preservar a linhagem da família, devem ser tratadas com honrarias, do mesmo modo que uma deidade familiar.

Capítulo 3

Instrução tanto para pais de família quanto para aqueles que deixaram a vida em família, sobre o cultivo dos estados elevados e da suprema beatitude

Este capítulo contém três seções, que tratam dos seguintes tópicos: (1) a prática do Darma comum a ambas as metas; (2) a prática do Darma destinado, em particular, à suprema beatitude; e (3) a conveniência de se fazer uso pleno do corpo humano.

1. O Darma Comum a Ambas as Metas

O primeiro dos seis pontos desta seção trata de como regular, adequadamente, a quantidade de nossa comida.

Controle da Quantidade de Comida

A fim de nos fazer avançar em direção à obtenção do samádi (tranqüilidade meditativa),[1] são apresentados os seguintes exercícios preparatórios.

Duas coisas são de crucial importância para a prática da meditação: (1) controlar a quantidade de comida que ingerimos e (2) evitar sono excessivo.[2] O texto a seguir refere-se à primeira.

(38)

A comida deve ser ingerida com adequação, como se fosse
Remédio: sem desejo nem ódio;
Não por presunção, arrogância ou
Pujança, mas apenas para manter o corpo.

O remédio para a cura de uma enfermidade será benéfico quando tomado na quantidade certa (ou seja, em quantidade nem excessiva nem insuficiente). Da mesma forma, a alimentação deve ser ingerida como um remédio para a aflição da fome; com bom discernimento, evitando-se comer demais ou de menos.

Além disso, a comida deve ser consumida sem motivação de desejo ou ódio. Não se deve, por exemplo, comer o alimento levado por um sentimento de vaidade ou presunção; em outras palavras, não se deve comer com a intenção de gerar um estado mental aflitivo, como, por exemplo, aquele caracterizado por gozo hedonista, que produz comportamento irrefreado do corpo e da fala.

Não se deve consumir alimentos em função da arrogância. Isto quer dizer que se deve comer sem pensamentos como: "Quando eu tiver adquirido força física, golpearei meus inimigos". Tampouco se deve comer com o fito de tornar o corpo pujante, intenção que é refletida por pensamentos como: "Com a comida, farei crescer o tamanho de meu corpo e membros", e assim por diante.

Antes, deve-se comer com o fim único de manter o corpo humano como base dos esforços em direção à virtude. Comer com vaidade ou desejo de tornar-se pujante é uma ação movida pelo desejo, ao passo que consumir alimento em função da arrogância é um ato motivado pelo ódio.

Os próximos versos instam-nos a não dormir durante o primeiro e o último períodos da noite.

O Sono Apenas no Período Intermediário da Noite

(39)

Ó Justo! Ocupai-vos durante o dia inteiro e
O primeiro e o último períodos da noite. Então,
Para que mesmo vosso tempo de repouso não seja
Infrutífero, repousai de forma atenta entre estes dois períodos.

Passai, ó Justo, o dia inteiro e o primeiro e o último dos três períodos da noite em atividades de caráter virtuoso; então, repousai durante o período intermediário da noite.

E, para que mesmo o período de sono não seja infrutífero — isto é, para que não seja vazio de sentido —, deveis repousar com um estado de espírito imbuído de lembrança[3] e vigilância,[4] tal como é refletido no pensamento: "Dormirei por pouco tempo. Tão logo meu corpo e mente tenham se revigorado, levantar-me-ei rapidamente para dedicar-me à prática da virtude". Ao proceder dessa maneira, mesmo o sono — em razão da força de vossa motivação — torna-se virtuoso e, assim, adquire significado.

O Bhagavan declarou:

> Durante o primeiro período da noite, enquanto ocupado em práticas como andar ou sentar, vós deveis procurar livrar a mente daqueles darmas que são obscurecimentos. No período intermediário da noite, após terminada esta prática, lavai os pés do lado de fora do templo. Ao retornar ao templo, deitai-vos sobre o lado direito, colocando uma perna sobre a outra, e repousai com lembrança e vigilância, na postura do leão adormecido. No período final da noite, erguei-vos prontamente e praticai, ao caminhar ou sentar, livrando a mente dos darmas que são obscurecimentos.

Meditação sobre as Quatro Qualidades Incomensuráveis

Quando a versatilidade (*karmanya*) de corpo e mente tiver sido desenvolvida por meio destas práticas, deve-se, em seguida, praticar meditação sobre as quatro qualidades incomensuráveis[5] — como ulterior preparação para alcançar os estados de tranqüilidade (*dhyāna*).[6] Isto é ilustrado nos próximos versos.

(40)

> Praticai meditação constante sobre bondade,
> Compaixão, alegria e equanimidade.
> Mesmo que não consigais alcançar a meta mais elevada,
> Ganhareis a felicidade do Reino de Brahma.

Bondade (*maitrī*)[7] é o desejo de que todos os seres sencientes venham a adquirir felicidade. Compaixão (*karuṇā*)[8] é o desejo de que venham a se ver livres do sofrimento. Alegria (*muditā*)[9] é a satisfação sentida com a felicidade que adquiriram, e equanimidade (*upekṣa*),[10] uma estabilidade mental que consiste na ausência de desejo e de ódio, também dirigida a todos os seres.

Estas quatro atitudes são chamadas "incomensuráveis" (*apramāṇa*) não só porque seu objeto é um número incomensurável de seres sencientes, mas também porque a pessoa que sobre elas medita adquire mérito incomensurável. É aconselhável, portanto, que meditemos, de forma correta, sobre as quatro qualidades incomensuráveis.

Essa meditação, ademais, pode ser de três tipos, dependendo da maneira como é dirigida a atenção da mente. Ela pode tomar por objeto os seres sencientes, tomar por objeto os darmas, ou não ter objeto.[11] No primeiro destes tipos, os seres são apreendidos como substancialmente reais e com existência independente dos agregados.[12] Em conseqüência, desenvolvemos o desejo de que eles se vejam livres do sofrimento e outros males.

Com a compreensão da "natureza não-intrínseca do indivíduo" (*pudgala nairātmya*),[13] os seres, no segundo caso, são vistos como entes meramente atribuídos aos darmas que formam os agregados. Desenvolvemos, então, o desejo de que eles se vejam livres do sofrimento. No terceiro caso, os seres são vistos como tendo natureza ilusória, a partir da compreensão da "natureza não-intrínseca dos darmas" (*dharma nairātmya*),[14] e desenvolvemos o desejo de que eles se vejam livres do sofrimento, e outros males.

A primeira meditação é praticada pelas "pessoas comuns" (*pṛthagjana*).[15] De acordo com uma escola[16] de pensamento budista, o segundo tipo é praticado pelos *āryas śrāvaka* e *pratyeka*,[17] e o terceiro tipo apenas pelos *āryas* Mahayana; outra escola,[18] porém, sustenta que os *śrāvakas* e *pratyekas* também alcançam a compreensão da natureza não-intrínseca dos darmas e, portanto, os dois últimos tipos de meditação são praticados por todos os *āryas* dos Três Veículos.

Quanto ao método efetivo da prática, ao desenvolvermos as três primeiras atitudes distinguimos três tipos de pessoas: uma pessoa amiga, uma neutra e uma inimiga. Inicialmente, dirigimos a atenção para pessoas como nossa mãe ou pai (que compõem a categoria de "amigas"), e meditamos sobre o desejo de que encontrem felicidade etc.

A seguir, a atenção é dirigida àqueles indivíduos da categoria "neutra" e, finalmente, a um inimigo. Quando o desejo de que nossos amigos encontrem felicidade e o desejo de que nossos inimigos encontrem felicidade passam a ter igual intensidade, a meditação se completa.

No caso da equanimidade, primeiro meditamos sobre a categoria das pessoas neutras. A seguir, meditamos sobre uma atitude equânime em relação a todos: tanto aqueles que nos são caros quanto aqueles que nos despertam animosidade.

A resposta à pergunta de quais são os frutos dessa prática, qual o resultado da meditação sobre a bondade etc. sustentada pela sabedoria que apreende os dois tipos de natureza não-intrínseca, é a conquista do nirvana. Entretanto, mesmo se não galgarmos esta que é a mais elevada das metas, adquiriremos a felicidade que está além do mundo sensorial — ou seja, a felicidade do Reino de Brahma, encontrada no primeiro *dhyāna* do Reino das Formas. A razão disto é que as meditações mencionadas nos levam à experiência de paz do *dhyāna* perfeito, livre do tormento da ira. Deste modo, o texto aqui indica que a bondade e as demais qualidades são exercícios preparatórios, que levam a alcançar os estados de *dhyāna*.

Os Quatro *Dhyānas*

Dado que a meditação sobre a bondade e as demais qualidades nos capacita a alcançar os quatro *dhyānas*, poderíamos indagar que espécie de resultados decorrem disto.

(41)

Os quatro *dhyānas* — abandono total das experiências
Sensoriais, de alegria, conforto e desconforto —
Permitem-nos alcançar a mesma ventura que
Brahma, Ābhāsvara, Śubha-kṛtsna e Vṛhat-phala.

O primeiro *dhyāna* é a qualidade unidirecional da mente caracterizada pela alegria (*prīti*)[19] e o conforto (*saukhya*)[20] que surgem quando há abstenção ou recolhimento em relação às experiências sensoriais (especialmente desejo por objetos sensoriais e malquerença). Isto é conseguido por meio dos dois antídotos, a reflexão (*vitarka*)[21] e a deliberação (*vicāra*).[22]

O segundo *dhyāna* é a qualidade unidirecional da mente caracterizada pela alegria e o conforto que surgem do samádi e da abstenção da deliberação citada. Esta última é conseguida através do antídoto designado "clareza interior" (*adhyātmasamprasāda*).[23]

O terceiro *dhyāna* é a qualidade unidirecional da mente caracterizada pelo conforto e a abstenção da alegria, esta última conseguida através dos antídotos: lembrança (*smṛti*), vigilância (*samprajanya*) e equanimidade (*upekṣa*).[24]

O quarto *dhyāna* é a qualidade unidirecional da mente caracterizada pela sensação de equanimidade e a abstenção total tanto do conforto quanto do desconforto. Esta atitude de abstenção é possibilitada pelos antídotos: lembrança pura (*smṛti-pariśuddhi*) e equanimidade pura (*upekṣa-pariśuddhi*).

O texto afirma que, ao se meditar sobre os quatro *dhyānas* (também designados os "estados causais da tranqüilidade"[25]), alcança-se o mesmo nascimento que, respectivamente, os deuses Brahma, Ābhāsvara, Śubha-kṛtsna e Vṛhat-phala. O sentido aqui é amplo. Mais precisamente, deve-se entender que, através de meditações sobre os estágios menor, intermediário e maior do primeiro *dhyāna*, o nascimento dá-se entre os deuses Brahma-kāyika, Brahma-purohita ou Mahābrahma,[26] nesta ordem. Igualmente, através de meditações sobre os estágios menor, intermediário e maior do terceiro *dhyāna*, o nascimento dá-se entre os deuses Parītta-śubha, Apramāṇa-śubha e Śubha-kṛtsna etc.[27]

Segue-se a maneira de se adotar a virtude e rejeitar o mal, por meio da compreensão dos vários tipos de carma grave.

A Gravidade Relativa do Carma

(42)

Os cinco tipos importantes de carmas virtuosos e
Não-virtuosos são aqueles praticados com constância,
com forte propensão,
Desprovidos de remédio em relação (à base de amparo) ou à base
Da virtude suprema. Aplicai-vos, portanto, à prática da virtude.

O carma — quer virtuoso quer não-virtuoso — dotado de qualquer das cinco condições aqui explicadas, é considerado de grande magnitude porque seguramente produz resultados, e o faz em grande número. As cinco condições enquadram-se nos fatores da preparação, intenção, remédio e base.[28]

O fator da preparação refere-se ao fato de um determinado ato ser praticado com constância. O fator da intenção denota um ato praticado com grande vontade, quer impelido pelas aflições mentais quer por pensamentos puros. O fator do remédio refere-se ao carma ao qual somos incapazes de nos contrapor.

O fator da base é duplo. A "base de amparo"[29] inclui nosso pai e nossa mãe, pregadores do Darma e pessoas que prestam auxílio em circunstâncias específicas, como as encontradas nos *Jātakas* nas histórias sobre o urso e o macaco.

A "base da virtude suprema"[30] inclui as Três Jóias, alguém que acabou de emergir do Estado Meditativo de Cessação,[31] e outros semelhantes. Os efeitos de qualquer auxílio ou dano a tais pessoas configuram carma de grande magnitude, devido ao fator base. Portanto, vós deveis evitar os atos não-virtuosos de grande magnitude e aplicar-vos à prática daqueles que sejam virtuosos.

Os versos seguintes servem para ilustrar que não deve permanecer no destemor aquele que praticou muitos atos não-virtuosos e apenas uns poucos virtuosos, ao passo que, se o oposto é verdadeiro, não há razão para qualquer temor maior.

(43)

Uns poucos grãos de sal podem alterar o gosto de uma
Pequena quantidade de água, embora não a do Ganges;
Compreendei que mesmo o carma negativo de pequena monta
Fará o mesmo com relação a virtudes incipientes.

Mesmo uma quantidade mínima de sal, como uns poucos grãos, alterará o gosto de uma pequena quantidade de água, tornando-a salgada. Não pode, porém, mudar o gosto de uma grande massa d'água como a do rio Ganges. Devemos entender que, de igual modo, mesmo carma negativo de menor monta pode produzir resultados se nossos elementos de virtude forem incipientes (ou seja, pequenos e parcos em número). Se tais elementos forem vastos e numerosos, no entanto, será incapaz de fazê-lo. Portanto, aplicai-vos continuamente em busca de virtude de grande potência.

Os Cinco Obstáculos

Os versos seguintes indicam que devemos nos esforçar para evitar os cinco darmas da "excitação" etc., pois representam obstáculos à obtenção do *dhyāna* e da liberação.

(44)

Excitação e remorso, malquerença, indolência e
Sono, desejos dos sentidos e indecisão:
Reconhecei estes cinco obstáculos como
Ladrões que roubam o tesouro da virtude.

Excitação (*auddhatya*)[32] é o estado em que a mente se desvia para objetos atraentes, e remorso (*kaukṛtya*),[33] o arrependimento que surge pela prática de algo errado. Malquerença (*vyāpāda*)[34] é o sentimento profundo de animosidade para com objetos que vemos com disposição hostil, enquanto indolência (*styāna*)[35] produz indisposição de corpo e mente, por meio do enfraquecimento da mente.

O sono provoca retração incontrolável da atenção da mente, e os desejos dos sentidos (*kāmacchanda*)[36] são os desejos por objetos sensoriais — particularmente comida e sexo. Indecisão (*vicikitsā*)[37] é o estado em que a mente fica dividida em sua atitude diante da liberação e do caminho que a ela conduz.

Estes cinco são chamados "obstáculos" (*nivaraṇa*)[38] porque obstruem a obtenção dos *dhyānas*, da liberação e assim por diante, ou porque obstruem a prática dos três treinamentos.[39] Vós deveis pensar neles como ladrões que roubam o tesouro da virtude e que, portanto, precisam ser abandonados.

A excitação e o remorso são semelhantes no sentido de que ambos constituem uma instabilidade da mente. Indolência e sono são semelhantes no sentido de que ambos são um amortecimento da mente. Cada par, portanto, é classificado como um único obstáculo.

Outra explicação, contida no *Abhidharmakośa*, diz:

Os obstáculos aparecem no Reino dos Desejos.
Dado que sustentação e ação,
Seus antídotos, são iguais, dois se
Combinam em um.

[cap. 5, est. 59]

O primeiro par (excitação e remorso) é assim agrupado em um único obstáculo porque (1) ambos decorrem de causas similares, como pensar sobre nossos familiares (*jñāti vitarka*); (2) ambos fazem com que a mente se distraia; e (3) ambos são superados pelo *śamathā*.[40]

O segundo par (sono e indolência) é igualmente agrupado em um único obstáculo porque (1) ambos decorrem de causas similares, como quantidade excessiva de comida; (2) ambos levam a mente a perder vigor; e (3) ambos são superados pela mentalização de luminosidade.

Por que são chamados os "cinco obstáculos"? Porque são nocivos aos três treinamentos. As atitudes de desejo dos sentidos e de malquerença prejudicam a moralidade superior (*adhiśīla*)[41] pois o anseio por objetos sensoriais nos impede de adotar a prática da moralidade e, nos casos em que a moralidade tenha sido adotada, a animosidade nos impede de pôr em prática as instruções que recebemos de outra pessoa.

Indolência e sono são prejudiciais à concentração superior (*adhicitta*),[42] pois minam o vigor da mente enquanto estamos meditando para alcançar *śamathā*. Excitação e remorso são empecilhos para a sabedoria superior (*adhiprajñā*),[43] porque fazem com que a mente se distraia com coisas externas quando estamos nos devotando a meditação que requeira reflexão profunda.

A indecisão é prejudicial aos dois últimos treinamentos mencionados pois, se não resolvermos as incertezas que venham a surgir enquanto meditamos, não conseguiremos permanecer firmes no estado de equilíbrio que é a união de *śamathā* e *vipaśyanā*.[44]

2. A Busca da Suprema Beatitude

O primeiro dos três tópicos desta seção trata da meditação sobre os cinco poderes e as cinco forças que aparecem no caminho da preparação.

Os Cinco Poderes e as Cinco Forças

Uma vez apresentados os elementos que são empecilhos e devem ser abandonados, o próximo texto apresenta os darmas a serem adotados — aqueles que são favoráveis à obtenção da liberação.

(45)

Devemos nos empenhar com zelo na busca de fé,
Vigor, lembrança, samádi e sabedoria —
Os cinco darmas supremos, também
Conhecidos como as forças, os poderes e os ápices.

Fé é a crença sincera nas Verdades, enquanto vigor (*vīrya*)[45] é o deleite em trazê-las à tona. O estado mental que não se esquece das Verdades e de seus aspectos é a lembrança (*smṛti*). Samádi é a unidirecionalidade da mente voltada para os vários aspectos das Verdades, e sabedoria (*prajñā*), o verdadeiro discernimento desses aspectos. Devemos nos empenhar com diligência para desenvolver estas cinco qualidades e praticá-las continuamente.

Quando servem de causa imediata para se atingir o Caminho do *Ārya*, as cinco são chamadas "darmas supremos" (*agradharma*).[46] Durante o Estágio da Paciência (*kṣānti*) do Caminho da Preparação (*prayoga mārga*),[47] são chamadas "forças" (*bala*)[48] porque não mais podem ser vencidas por seus opostos negativos. Por ocasião do Estágio do Aquecimento (*ūṣma*) do mesmo Caminho, são chamadas "poderes" (*indriya*)[49] porque exercem grande influência para o surgimento da compreensão das Verdades. E quando as cinco se desenvolveram até o ponto em que a virtude acumulada não é mais passível de regressão, são também chamadas "ápices" (*mūrdhāna*).[50]

A seguir, trata-se de como evitar o fator nocivo da presunção.

Presunção

(46)

O surgimento da presunção é impedido por seu antídoto,
Que é a contemplação repetida do fato de não se estar
Isento de doença, envelhecimento, morte,
Separação daquilo que se deseja, e sujeição ao carma.

Devemos, com bastante propriedade, refletir: "Não estou isento das condições de doença, envelhecimento, morte e separação daquilo que desejo. Da mesma forma, não estou isento da sujeição ao carma, o que vale dizer que meu bem-estar pessoal depende do carma que criei no passado, e está, portanto, fora de meu controle".

Ponderar isto repetidas vezes impede que nos tornemos presunçosos, pelo fato de funcionar como um antídoto para essa atitude.

Segue-se a descrição do fator benéfico da meditação sobre a visão correta.

A Visão Correta

Este tópico compõe-se de duas partes: breve apresentação e explicação extensa da visão correta.

Breve Apresentação

A visão correta (*saṃyak dṛṣṭi*)[51] induz o surgimento das cinco faculdades espirituais:[52] fé, vigor, lembrança, samádi e sabedoria; portanto, a estrofe seguinte tem por fim ilustrar o método adequado de meditação sobre esta visão.

(47)

Se desejardes as esferas mais elevadas e a liberação,
Meditai sobre a visão correta.
Mesmo os bons feitos praticados por uma pessoa com visão equivocada
Geram, todos, terríveis frutos.

Aqui, faz-se referência a duas visões corretas: uma que toma o mundo ordinário[53] por objeto, e outra que toma o fim último[54] por objeto. A primeira é a crença na relação entre o carma e seus resultados futuros, e a segunda é a sabedoria que compreende a verdadeira natureza (*tattva*) de todos os darmas.

A primeira visão é a causa que nos possibilita nascer nos estados mais elevados de existência, enquanto a segunda visão nos possibilita alcançar a liberação. Assim, se estais desejoso quer do bem-estar provisório dos estados mais elevados, quer da felicidade última da liberação, deveis meditar continuamente sobre as duas visões corretas há pouco mencionadas: uma que toma o mundo ordinário como seu objeto e a outra que tem no fim último o seu objeto.

Poder-se-ia indagar quais seriam as conseqüências resultantes de não se adotar essas visões. Ainda que alguém pratique bons feitos — atos de generosidade e outros — mas com uma visão equivocada (*mithyādṛṣṭi*)[55] que desacredita da causa e efeito do carma (ou seja, se são praticados atos sem a presença da visão correta que toma o mundo ordinário por seu objeto), todo o seu carma produzirá maturações funestas. As maturações são funestas no sentido de que são cruéis, pois a visão equivocada erradica os rudimentos de virtudes.

Ademais, ainda que alguém pratique bons atos — doações e assim por diante — mas com a visão equivocada que percebe os entes como tendo natureza real e independente (ou seja, se os atos são praticados sem a presença da visão correta que toma o fim último como o seu objeto), diz-se que a maturação de todo esse carma é terrível, pois lança a pessoa no samsara.

A Explicação Extensa

A primeira das cinco subdivisões desta parte é a meditação sobre as quatro lembranças bem-estabelecidas (*smṛtyupasthāna*).[56]

a. Meditação sobre as Quatro Lembranças Bem-Estabelecidas

(48)

Compreendei que os seres humanos são, na realidade,
Infelizes, impermanentes, desprovidos de natureza intrínseca
E impuros. Aqueles em quem a lembrança não
Está bem-estabelecida dão ouvidos aos quatro enganos —
a fonte de toda ruína.

Deveis entender que o ser humano é, "na realidade" (isto é, quando examinado com sabedoria), "infeliz", pois possui as três formas de sofrimento. Ele é "impermanente", pois existe por não mais que um instante; é "desprovido de natureza intrínseca", visto que não há um alguém absoluto que controle o seu ser. E, dado que sua natureza é a de ser um amontoado de ossos, carne, sangue etc., compreendei que o ser humano é "impuro".

Aqueles que não "estabeleceram bem" sua lembrança — ou seja, que não se examinaram com sabedoria — vêem o corpo impuro como se fosse puro, vêem sensações que são penosas por natureza como agradáveis, vêem a mente impermanente como permanente e os darmas desprovidos de natureza intrínseca como se a possuíssem. Estas quatro crenças são denominadas os "quatro enganos" (*viparyāsa*).[57] Visto que são eles causa do samsara e dos estados inferiores de existência, devem ser considerados fonte de toda ruína. Portanto, deveis tornar esta lembrança "bem-estabelecida".

A seguir, cuida-se, em particular, da meditação sobre a lembrança bem-estabelecida em relação aos darmas (*dharmasmṛtyupasthāna*).

b. Lembrança da Ausência de Natureza Intrínseca

Alguém pode muito bem concordar com as afirmações sobre a condição de infelicidade etc. e, ainda assim, perguntar-se como a condição de ausência de natureza intrínseca deve ser entendida. Se não há uma pessoa dotada de natureza intrínseca, então quem é que experimenta os resultados do carma virtuoso e não-virtuoso? A estrofe seguinte dá a resposta.

(49)

Declarou-se que "a forma não é a natureza intrínseca,
A natureza intrínseca não possui forma; a natureza intrínseca
Não está assentada na forma, e a forma não está
Assentada na natureza intrínseca". Compreendei que os quatro
agregados restantes são igualmente vazios.

Se existe uma natureza intrínseca, ela ou deve ter o mesmo caráter que os agregados — forma etc. — ou ser algo distinto deles.

A primeira destas possibilidades é refutada pela afirmação nos sutras que vai desde: "A forma não é a natureza intrínseca..." até "... a consciência não é a natureza intrínseca". Isto constitui uma confirmação das escrituras.

Poder-se-ia perguntar que raciocínio existe para estabelecer este ponto. A natureza intrínseca não tem a mesma essência que a forma etc., porque disto resultariam as seguintes falácias: (1) tanto quanto a forma etc., a natureza intrínseca também teria que ser impermanente e múltipla em número; (2) visto que a forma etc., possui substância, a natureza intrínseca também teria que ter substância;[58] e (3) visto que a percepção de uma natureza intrínseca[59] apreenderia, então, um objeto como dotado de substância, as sementes de tal visão, por força de sua correção, jamais poderiam ser eliminadas pelo antídoto apropriado.

A escritura *Madhyamakāvatāra* expressa este raciocínio nas seguintes palavras:

> Se os agregados fossem a natureza intrínseca — já que
> Eles são muitos —, ela própria se tornaria múltipla;
> A natureza intrínseca possuiria substância; e, dado que
> Sua percepção seria a de uma substância, não seria errônea.
>
> [cap. 6, est. 127]

Em segundo lugar, se a natureza intrínseca tivesse caráter diferente do da forma etc., ela assumiria os atributos de (1) possuir forma etc., do mesmo modo que Devadatta possui um boi; (2) estar assentada na forma etc., tal como Devadatta toma assento em uma esteira; ou (3) ter a forma etc., assentada sobre si, tal qual uma trepadeira se assenta sobre a terra.

A primeira tese é incorreta por causa das afirmações nos sutras que vão desde: "A natureza intrínseca não possui forma..." até "... a natureza intrínseca não possui consciência". Isto representa uma confirmação das escrituras. O raciocínio é o seguinte: diz-se que Devadatta "possui" um boi no sentido de que o boi é um objeto controlado por ele. A natureza intrínseca não possui um controle assim sobre a forma etc., pois constatamos que a forma e os demais aspectos sofrem não só mudança de uma condição para outra como também, em última instância, destruição, mesmo que isso não seja desejado.

A segunda tese é incorreta por causa das afirmações nos sutras que vão desde: "A natureza intrínseca não está assentada na forma...", até "... a natureza intrínseca não está assentada na consciência". Isto representa uma confirmação das escrituras. O raciocínio é o seguinte: diz-se que Devadatta está "assentado" sobre uma esteira no sentido de que ela lhe serve de suporte. A natureza intrínseca não está assim assentada sobre a forma etc., porque a forma e os demais aspectos que lhe servem de suporte são impermanentes, e isto exigiria que a natureza intrínseca também fosse impermanente.

A terceira tese também é incorreta por causa das afirmações nos sutras que vão desde: "A forma não está assentada na natureza intrínseca...", até "... a forma não está assentada na consciência". Isto representa uma confirmação das escrituras. Quanto ao raciocínio, os agregados da forma etc., não estão assentados na natureza intrínseca da maneira que uma trepadeira está assentada na terra (1) porque a forma e os demais, se tivessem por base uma natureza intrínseca permanente, jamais ficariam sujeitos a destruição; (2) nesse caso, também, os processos de surgimento da destruição e sujeição a ela, próprios dos agregados, dependeriam da natureza intrínseca e, no entanto, isto estaria incorreto; pois podemos constatar que os processos de surgimento da destruição e sujeição a ela, próprios das formas externas, ocorrem sem qualquer natureza intrínseca.

Deve-se entender, a partir das mesmas provas das escrituras e dos raciocínios utilizados para examinar o agregado da forma, que os outros quatro — sensação[60] e os restantes — são igualmente vazios de uma natureza intrínseca que tenha a mesma essência que os próprios agregados, ou que seja uma entidade separada deles.

Os pontos de vista que se opõem a esta explicação, a respeito de cada um dos cinco agregados sob quatro diferentes aspectos (como a visão de que a forma é a natureza intrínseca), são chamados os "vinte extremos da 'visão da conjunção perecível' (*satkāyadṛṣṭi*)."[61] Os remédios para estes pontos de vista são as afirmações de que: "A forma não é a natureza intrínseca..." e assim por diante.

Os versos seguintes visam ilustrar que os agregados surgem de causas compatíveis e fatores condicionantes, partindo da rejeição das posições de que os agregados não têm causa, ou de que surgem a partir de causas incompatíveis.

(50)

Os agregados não surgem ao acaso, nem do tempo,
De uma substância primordial, de sua própria essência,
De Īśvara, nem sem causa. Deve-se entender que eles
Surgem a partir da ignorância, do carma e do desejo.

Os agregados da forma e os demais não caem do céu aleatoriamente, sem dependência de qualquer outra coisa, pois pode-se observar que dependem da presença de causas compatíveis[62] e de fatores condicionantes.[63] Errônea é a visão de que:

> O tempo amadurece os elementos;
> O tempo abarca os indivíduos;
> O tempo traz o sono e o despertar;
> O tempo é difícil de transcender.

No entanto, é incorreta a crença de que os agregados surgem de um "tempo" que tenha uma substância permanente, porque: (1) o tempo não pode ser observado separadamente dos entes da forma e dos demais; e (2) todos os entes que surgissem de um "tempo" permanente teriam que surgir e perecer juntos.

A alegação da escola Sāṃkhya[64] de que os agregados evoluem a partir de uma substância primordial (*prakṛti*)[65] que é permanente e composta pelo equilíbrio dos três atributos de força (*rajas*), de massa (*tamas*) e de pureza (*sattva*)[66] também é incorreta porque (1) para que a substância primordial e suas manifestações fossem da mesma natureza essencial seria preciso que a substância primordial, tal qual suas manifestações, fosse impermanente; e (2) se elas fossem de naturezas diferentes, se estaria contradizendo a premissa básica de que tudo possui a mesma essência que a substância primordial.

Os agregados tampouco surgem de uma natureza essencial própria,[67] porque (1) disto decorreria que não dependem de causas e fatores condicionantes; e (2) é incorreto para a natureza essencial das coisas depender de alguma outra coisa.

A escola Nyāya[68] reivindica que os entes se originam de um criador divino eterno chamado Īśvara,[69] dotado de várias outras qualidades, expressas na seguinte citação:

> Penetrando tudo de maneira sutil e inconcebível, o criador
> onisciente de tudo,
> A sabedoria conseguida pela ioga, o objeto de nossa
> meditação *dhyāna*;
> Aquele que corporifica sol, lua, terra, ar, água, fogo, direção e espaço;
> Aqueles que almejam paz e beatitude devem constantemente
> meditar em Īśvara.

Esta doutrina, no entanto, é incorreta: (1) porque a criação dos entes por uma substância permanente não dependeria de qualquer outra coisa e, portanto, estes entes surgiriam todos de imediato, e (2) se as coisas surgissem em ordem seqüencial pela vontade[70] de Īśvara, elas dependeriam de uma causa diferente de Īśvara, contradizendo, assim, a premissa básica de que tudo foi criado por ele.

Se, como refutação, se alegar que as várias vontades de Īśvara se originam nele próprio, segue-se que todas as diferentes vontades surgem no mesmo instante; ao passo que, se for mantido que as vontades iniciais têm uma ordem seqüencial, esta condição fica dependendo de outra vontade (diferente da de Īśvara). Por conseguinte, a doutrina incorre na falácia de uma regressão infinita.

Desta forma, fica determinado que os agregados não surgem nem de uma causa incompatível, nem sem causa; neste último caso porque os agregados ou existiriam eternamente ou, então, nunca chegariam a existir.

Para a pergunta a partir do que se originam os agregados, a resposta é a seguinte: Uma semente intacta, coberta de terra e adubo e depois umedecida pela água, produz um broto. Do mesmo modo, carma potente — envolvido pela ignorância e umedecido pelo desejo — produz o broto da existência futura. Assim, o verso declara: "deve-se entender que eles (os agregados) surgem a partir de ignorância, carma e desejo".

c. Abstenção das Três Cadeias

Aquele que deseja libertar-se de existências futuras deve abandonar as causas de nascimento há pouco mencionadas. Os versos seguintes respondem a questão de como fazê-lo.

(51)

Compreensão errônea de práticas ascéticas,
Visão deturpada do próprio ser, e dúvida:
Sabei que são estas as três cadeias que bloqueiam
O portão da Cidade da Liberação.

"Compreensão errônea de práticas ascéticas" (*śīlavrataparāmarśa*)[71] refere-se à crença de que práticas morais e ascéticas que se desenvolveram a partir de concepções filosóficas errôneas possam propiciar purificação e libertação. A "visão deturpada do próprio ser", mais comumente conhecida como a "visão da conjunção perecível" (*satkāyadṛṣṭi*),[72] é a falsa crença de que os cinco agregados "intimamente apegados" (*upādāna*)[73] constituem uma natureza intrínseca ou se referem a uma natureza intrínseca. "Dúvida" é o estado mental em que a pessoa fica dividida em sua atitude perante a liberação e o caminho que leva a ela.

As "três cadeias" (*saṃyojana*)[74] são, por analogia, como os obstáculos a uma viagem que se deseja empreender para uma região, no sentido de que correspondem às condições de (1) não querer ir, (2) recorrer a um caminho errado e (3) ter dúvida quanto ao que é, de fato, o caminho certo.

Por causa da falsa crença em uma natureza intrínseca, decorrente da visão da conjunção perecível, a pessoa não deseja atingir uma liberação onde não esteja presente uma natureza intrínseca. Por acreditar na supremacia de práticas morais e ascéticas errôneas, a pessoa recorre a um caminho falso — aquele que não conduz à liberação. A dúvida, por sua vez, faz nascer ceticismo em relação àquilo que é o verdadeiro caminho. Estes três obstáculos, por conseguinte, devem ser compreendidos como os obstáculos que bloqueiam o portão da Cidade da Liberação, e devem ser abandonados.

d. Praticando os Três Treinamentos

Poder-se-ia crer que uma pessoa seja capaz de ficar livre destes obstáculos recorrendo a outras pessoas. Os versos seguintes, porém, ilustram que, nesta tarefa, não há necessidade alguma de se associar a outras pessoas; e que, antes, ela depende unicamente da própria mente de cada indivíduo.

(52)

A liberação depende do próprio indivíduo.
Nesta tarefa não há necessidade alguma de se
Associar a outros. Portanto, aplicai-vos na
Busca das Quatro Verdades através de aprendizado,
moralidade e *dhyāna*.

A liberação nada mais é que a libertação da mente das cadeias das aflições mentais, tarefa que depende da prática, por parte de cada um, do método para alcançá-la. E como isto não requer a companhia dos outros, "aplicai-vos" sozinho.

Qual é o método para se alcançar a liberação? As escrituras afirmam:

> Atendo-vos à moralidade, ao aprendizado e *dhyāna*,
> Aplicai-vos seriamente à meditação.

Primeiramente, devemos nos ater ao fundamento — uma prática moral mantida por uma mente voltada para a liberação e constituída por qualquer um dos sete tipos de votos *pratimokṣa*.[75] Então, após escutar e contemplar adequadamente as escrituras que explicam as Quatro Verdades, devemos centrar em seu significado a nossa prática de *dhyāna*, aplicar-nos à meditação, tanto sobre a natureza relativa das Quatro Verdades — ou seja, os dezesseis aspectos da impermanência etc. —, quanto sobre sua natureza última, isto é, *śūnyatā*, que é livre de todos os extremos.

Esta explicação mostra que o único meio para se alcançar a liberação são os três treinamentos preciosos. Os versos seguintes ilustram, então, que todos os aspectos da disciplina estão incluídos nesses três treinamentos.

(53)

> Treinai-vos sempre em moralidade superior,
> Sabedoria superior e concentração superior.
> Estes três treinamentos incluem os mais de
> Duzentos e cinqüenta preceitos.

A essência da "moralidade superior"[76] são as sete abstenções,[77] dedicadas à realização do nirvana. A essência da "contemplação superior"[78] são os quatro *dhyānas*, conforme correspondem à formação do Caminho do *Ārya*. "Sabedoria superior"[79] é a compreensão da dupla natureza não-intrínseca.

Devemos realizar essa prática continuamente porque esses três treinamentos são o meio completo e infalível para a obtenção da liberação. A disciplina moral amadurece o ser imaturo, o samádi suprime as aflições mentais, e a sabedoria — ao erradicar por completo as aflições mentais — traz liberação para o ser maduro.

Ademais, os três treinamentos incluem todas as formas de disciplina. Isto porque os duzentos e cinqüenta e três preceitos enunciados nas escrituras *pratimokṣa* (4 *parājika*, 13 *avaśeṣa*, 30 *naiḥsargika pāyattika*, 90 *śuddha prāyaścittika*, 4 *pratideśanīya* e 112 *duṣkṛta*)[80] compõem a moralidade superior, e a moralidade, por sua vez, inclui os três treinamentos. Devemos, portanto, treinar-nos assiduamente em sua prática.

e. Lembrança das Circunstâncias do Corpo

Uma condição essencial à prática dos três treinamentos é a observância da lembrança das circunstâncias do corpo.[81]

(54)

Ó Senhor, o Sugata ensinou a lembrança das
Circunstâncias do corpo como a única via do
Caminho. Aplicai-vos e observai-a resolutamente.
A perda da lembrança destrói todo o Darma.

"Ó Senhor" é dirigido ao Rei. "Lembrança das circunstâncias do corpo" é o exame das circunstâncias do corpo, ao permanecer em pé, sentado, ou em outra condição. O Sugata ensinou que esta é a "única via" no sentido de ser o caminho que conduz facilmente à obtenção do fim último.

Isto está dito nos sutras:

> Monges, o caminho que purifica todos os seres, os livra de sofrimento e tristeza, produz a compreensão do Darma correto e propicia o nirvana, é a lembrança das circunstâncias do corpo.

Uma vez que as circunstâncias do corpo possuem importância tão grande, devemos nos aplicar e observá-las resolutamente. Se a perda desta lembrança destrói todos os darmas virtuosos, que necessidade há de se falar da realização do nirvana?

3. Utilização Plena da Forma Humana

Esta divisão compõe-se de três tópicos. O primeiro é a supressão do apego ao corpo por meio da contemplação de sua impermanência e falta de essência.

Supressão do Apego ao Corpo
(55)

A vida, por ser suscetível de muitos males, é mais
Impermanente que uma bolha d'água carregada pelo
Vento. O mais admirável é o privilégio de inspirarmos o ar
Após uma expiração, e o de acordarmos após o sono.

Como afirmam as escrituras:

Os três estados de existência são impermanentes como uma nuvem de outono.
O nascimento e morte dos seres é como assistir a uma representação teatral.
O passar da vida de uma pessoa é como um raio no céu:
Corre tão rápido quanto uma cachoeira descendo uma montanha íngreme.

A vida de uma pessoa está sujeita a muitas condições prejudiciais. Externamente, podemos ser lesados por seres humanos e não-humanos e, internamente, por coisas como o desequilíbrio dos elementos do corpo etc. Assim, a vida é ainda mais impermanente que uma bolha d'água carregada pelo vento.

A oportunidade de exalar depois de ter inalado, e de acordar mais uma vez do sono — ou seja, a mera continuação da vida — é, de fato, sumamente admirável, e uma questão de puro acaso.

Os versos seguintes são também para demonstrar que a vida é impermanente e que não há valor algum em apegar-se ao corpo.

(56)

O fim do corpo é tornar-se pó, secar, apodrecer ou,
Ao cabo, transformar-se em imundície. Compreendei que
Ele é desprovido de essência e, por natureza, sofre
Destruição, ressecamento, putrefação ou dissecção.

O Bhagavan declarou:

Monges, o corpo do homem cujo tempo expirou e que morreu, é queimado, lançado à água ou enterrado pelos parentes. O sol e o vento podem secá-lo, ou pode ser comido por várias criaturas do reino animal.

O corpo pode ser reduzido a cinzas ao ser queimado ou pode, ao fim, ressecar-se pela ação do sol e vento. Pode, finalmente, apodrecer, se lançado à água, ou transformar-se em imundície, se comido por outras criaturas. Assim, o corpo é desprovido de essência e vós deveis compreender que, por sua natureza, deve sofrer destruição pelo fogo, ressecamento pela areia e vento, putrefação ou dissecção ao ser partido em pedaços por outras criaturas.

O texto seguinte ilustra que, se a destruição final de coisas extremamente estáveis é certa, é óbvio que o mesmo se dê em relação ao corpo humano.

(57)

A terra, o Meru e os oceanos — mesmo estes corpos físicos
Destinam-se a ser consumidos por sete sóis escorchantes,
Sequer deixando pó. Que necessidade há de se falar em
Coisa tão frágil quanto o corpo humano?

Quando o mundo for destruído pelo fogo, mesmo corpos físicos firmes e sólidos como a terra, o monte Meru[82] — juntamente com as sete montanhas de ouro e os mares internos e externos — serão totalmente destruídos.

Uma escritura afirma:

> Este próprio sol queimará todas as florestas e a vegetação. Os riachos secarão com o aparecimento de um segundo sol, e o terceiro sol fará secar o lago Anavatapta[83] e seus quatro grandes rios. Cada gota d'água dos oceanos secará com o quarto e quinto sóis. Com o advento do sexto sol, nem uma gota d'água permanecerá em parte alguma, e a grande terra, juntamente com o monte Meru, começará a emitir fumaça. Quando aparecer o sétimo sol, as chamas de todos os sóis se fundirão em um único fogo, e nem mesmo pó restará.

Se até corpos físicos tão sólidos quanto esses estão destinados a ser completamente aniquilados pela força de sete sóis que queimarão como uma única chama, que necessidade há de dizer o mesmo em relação ao fragilíssimo corpo humano? Devido a sua impermanência, não há ocasião em que ele não possa ser destruído.

Os versos seguintes ilustram que, sendo a vida tão impermanente e sendo o corpo desprovido de qualquer essência, deveríamos abrir mão de todo interesse pelo samsara.

(58)

Assim, toda existência é impermanente, desprovida
De qualquer natureza intrínseca; não tem salvador,
Guardião ou lugar de descanso. Portanto, ó Grande,
Cultivai aversão pelo samsara que, qual uma bananeira,
não tem essência.

Não apenas todas as coisas físicas, mas também cada um dos cinco agregados "intimamente apegados"[84] são impermanentes e sem qualquer natureza intrínseca, como já foi explicado. Não contam com qualquer salvador para protegê-los do sofrimento, com qualquer guardião para auxiliá-los, e nem sequer com qualquer oportunidade de encontrar um lugar de descanso. "Portanto, ó Grande, cultivai aversão" — ou seja, desenvolvei repulsa — "pelo samsara que, qual uma bananeira, não tem essência".

Segue-se, o conselho para fazer pleno uso desta vida humana de oportunidade e ventura, depois de contemplar a dificuldade em encontrá-la.

Contemplação da Dificuldade em Conseguir uma Vida de Oportunidade e Ventura

(59)

Mais difícil que uma tartaruga encontrar um
Laço no oceano, é um animal adquirir vida humana;
Assim, com o poder de ser humano, tornai esta
Vida frutífera através da prática do Darma Sagrado.

Supondo que o mundo inteiro fosse um grande oceano, no qual habitasse uma tartaruga cega que emergisse à superfície uma vez a cada cem anos; e que na superfície do oceano houvesse um laço, com uma única abertura, levado de um lado para outro pelo vento, efetivamente, difícil seria que o pescoço da tartaruga encontrasse a abertura do laço e ficasse preso por ele. Entretanto, ainda mais difícil que isso é um animal vir a nascer como um humano, pois os animais, devido a sua estupidez, são incapazes de gerar qualquer carma positivo potente.

Esta questão é afirmada num sutra nos seguintes termos:

> Monges, se houvesse uma tartaruga cega e idosa habitando um oceano do tamanho do mundo inteiro, e ela emergisse à superfície por uma única vez ao passar de cada cem anos e, se ainda, houvesse sobre este grande oceano um laço com uma única abertura que, quando tangido pelo vento leste, fosse deslocado para o oeste, e assim por diante; monges, poderia ocorrer que, de certa feita, ao subir à superfície, o pescoço da tartaruga cega entrasse na abertura do laço. E no entanto, monges, eu declaro que alcançar o nascimento como ser humano encerra uma dificuldade muito maior.

Portanto, com o poder que um ser humano possui, praticai o Darma Sagrado e tornai frutífero tal nascimento, fazendo desta busca a essência da vida humana.

Os versos seguintes ilustram que, se alcançar a vida humana é tão difícil, desperdiçá-la seria uma verdadeira tolice.

(60)

Ainda mais tolo que aquele que enche com
Excremento um vaso de ouro incrustado de jóias,
É aquele que, tendo nascido
Humano, pratica maus atos.

Uma pessoa que enchesse um vaso de ouro, ornado de muitos tipos de jóias preciosas, com imundícies como urina e excremento, com toda certeza seria menosprezada pelo mundo por ter feito uso indevido do vaso. No entanto, aqueles que nascidos humanos praticam maus atos, são ainda mais tolos, pois a vida humana é bem mais difícil de se adquirir do que um vaso de ouro; e, por produzirem conseqüências terríveis, os maus atos merecem reprovação maior que o excremento.

A seguir, o Rei, em particular, é aconselhado a aplicar-se, porque adquiriu uma forma humana excepcional.

Conselho ao Rei em Particular

(61)

Morando numa região auspiciosa, seguindo
Homens santos, de natureza devota e tendo
Praticado méritos anteriormente,
Vós possuis as Quatro Grandes Rodas.

(1) Morar em uma região que favoreça o surgimento do Caminho do *Ārya*, (2) seguir homens santos cuja convivência reduz nossas faltas e faz aumentar nossas qualidades virtuosas, (3) possuir natureza devota (que inclui colocar em prática nossas boas atitudes) e (4) ter o caráter amadurecido pela prática pregressa de atos meritórios: estas quatro condições são chamadas "rodas" pois se assemelham às rodas de uma carruagem.

Da mesma forma que uma carruagem equipada de rodas adequadas nos possibilita viajar com grande facilidade a uma região desejada, estar dotado das qualidades mencionadas capacita um seguidor do Caminho a alcançar a liberação com facilidade. Dotado das Quatro Grandes Rodas,[85] vós (o Rei) possuis todas as condições necessárias para prosseguir no Caminho e sois, portanto, instado a aplicar-vos nessa empresa.

Os versos seguintes ilustram que seguir os sábios é o fator primordial para o surgimento do Caminho do *Ārya.*

(62)

O Muni declarou que seguir um mestre espiritual
É o preenchimento de uma vida religiosa.
Assim, segui os sábios, como fizeram os
Muitos que alcançaram a paz através do Jina.

Ao prosseguir no Caminho, devemos primeiramente nos apoiar em um mestre espiritual (*kalyāṇa mitra*). Esse apoio, disse o Muni, traz o preenchimento de um modo de vida religioso.[86] Conforme afirma um sutra:

> Ānanda, é assim: os mestres espirituais[87] e os companheiros virtuosos[88] são o preenchimento do modo de vida religioso. A razão disto, se perguntares, Ānanda, é que toda boa qualidade que surge, o faz com base em um mestre espiritual — e é por intermédio deste surgimento que se consegue a liberação.

Portanto, devemos sempre seguir as pessoas sábias, como fizeram os numerosos indivíduos que atingiram a paz por terem seguido o Jina.

Neste caso, um "modo de vida religioso" (*brahmacarya*) denota o caminho da liberação, no sentido de que a conduta (*carya*) nessa direção se resume na tarefa de conseguir a erradicação (*bṛdha*, relacionada a *brahma*) de todos os defeitos da existência, ou seja, na tarefa de atingir o nirvana.

Que qualidades definem uma pessoa sábia? A escritura *Mahāyāna Sūtrālamkāra* diz:

Segui um mestre espiritual que tenha autodomínio,
seja tranqüilo, quieto, abundante em
Virtude, sério e rico em conhecimento das escrituras. Que tenha
Compreendido a realidade (*tattva*), seja um hábil professor,
possua natureza compassiva e nunca se canse.

[cap. 17, est. 10]

O texto afirma que sábio é aquele que se atém aos três treinamentos preciosos,[89] e é rico em conhecimento das escrituras dos Três Cestos.[90] Ele deve ter compreendido a verdadeira natureza da realidade e ser hábil em explicar aos outros seu significado, tal como o compreendeu. O sábio deve ser alguém que sente compaixão por seus discípulos, e não se cansa de lhes dar ensinamento e instrução.

Os dois textos seguintes ilustram que, se nossa vida está livre de condições adversas ao progresso no caminho que conduz à liberação, devemos envidar grande esforço.

(63, 64)

Nascer como alguém que abraça uma visão falsa, como um
Animal, um *preta* ou uma criatura do inferno;
Em uma terra desprovida da palavra do Jina, como um
Bárbaro em uma área remota; nascer retardado ou idiota,

Ou como um deus de longa vida, são os oito
Defeitos da inoportunidade. Tendo
Encontrado o privilégio de serdes livre deles,
Exercei-vos, a fim de reverter o nascimento.

Existem oito formas inoportunas de nascimento. Três delas são nascer nos estados inferiores de existência — como (1) animal, (2) *preta*,[91] ou (3) criatura do inferno. Quatro casos aplicam-se a um nascimento humano: (4) nascer em uma região onde a palavra do Jina não esteja presente (isto é, em um mundo em que um Buda não tenha aparecido); ou, mesmo que Ele tenha aparecido, (5) nascer como bárbaro em uma área remota onde sua palavra não seja ouvida; ou (6) mesmo que o nascimento ocorra em uma terra central, nascer retardado ou idiota; ou (7) nascer como uma pessoa que abraça uma visão falsa, a qual desacredita da lei do carma e seus resultados, do nirvana e do caminho que conduz a ele. A derradeira forma inoportuna é (8) o nascimento como um deus de longa vida, como aqueles denominados "seres não gerados por concepção" (*asaṃjñika*).[92] Nascer em qualquer destas oito formas, diz-se, é um estado de inoportunidade, pois a pessoa não tem ocasião de buscar a liberação.

Ó Rei, vós haveis encontrado uma forma humana excepcional, livre destes oito defeitos, e sois capaz de buscar a liberação; portanto, exercei-vos na prática do Caminho, de modo que possais ter sucesso em reverter os ciclos infindáveis de nascimento.

b) CULTIVO DA AVERSÃO AO SAMSARA ATRAVÉS DA CONTEMPLAÇÃO DE SEUS DEFEITOS

Esta divisão é apresentada por meio de explicações, abreviadas e por extenso, com versos finais à guisa de sumário.

Capítulo 4

Apresentação breve e por extenso

(65)

Amável Senhor! Desenvolvei repulsa pelo samsara,
Fonte de tanto sofrimento: privação material,
Morte, doença, envelhecimento e coisas semelhantes.
Ouvi, aqui, alguns outros de seus defeitos.

O Rei é tratado por "Amável Senhor". Pelo fato de constituir fonte de tanto sofrimento — falta de bens materiais (comida, roupa etc.), morte inevitável, eventuais doenças, envelhecimento (perda do vigor da juventude) e formas de sofrimento como mágoa e crises de angústia — devemos desenvolver aversão pelo samsara. Se não nos afastamos deste samsara, o desejo pela liberação[1] não aparece. O autor indica que mencionará uns poucos entre os defeitos do samsara — apenas uma explicação parcial — para auxiliar o surgimento desta atitude de renúncia; portanto, devemos prestar atenção. Os defeitos do samsara jamais poderiam ser enunciados na íntegra, porém, ouvir uma parte deles que seja, é suficiente para fazer a mente renunciar. Assim, uma parcela de tais defeitos é apresentada a seguir, em sete seções.

1. O Defeito de ser Destituído de Certeza[2]

(66)

O pai torna-se filho, a mãe, esposa.
Os inimigos tornam-se amigos. O inverso igualmente
Ocorre. Assim, no samsara, não há
Certeza de espécie alguma.

À medida que renascemos sucessivamente, por vezes alguém que foi nosso pai pode se tornar nosso filho; alguém que foi nossa mãe, nossa mulher; ou um inimigo em uma vida, amigo em outra. O inverso também pode acontecer, por exemplo, quando alguém que foi nosso filho, se torna agora nosso pai, e assim por diante. Portanto, visto que no samsara não há certeza com relação a quem é nosso inimigo e quem é amigo, devemos abandonar a predisposição de apego a amigos e aversão a inimigos.

2. O Defeito de Nunca Estar Satisfeito[3]

(67)

Cada um de nós já bebeu mais leite
Do que os quatro oceanos,
Embora no samsara que se seguirá para a
Pessoa comum ainda muito mais reste a ser bebido.

Cada ser vivente, no passado, ingeriu mais leite do que a água que existe nos quatro oceanos das quatro direções; pois os nascimentos em que se bebeu leite não têm começo. Entretanto, muito mais leite do que antes ainda resta para ser bebido no samsara que se seguirá para a pessoa comum (*pṛthagjana*), ou seja, até a ocasião em que ingressar no Caminho do *Ārya.* Isto porque não tem fim o samsara para estes seres infantis[4] que nada fizeram para desenvolver a virtude que "coincide com a liberação".[5]

3. O Defeito de se Desfazer do Corpo Vez após Outra

(68, dois primeiros versos)

A pilha de ossos que corresponde a cada pessoa
Igualaria ou mesmo ultrapassaria o monte Meru.

O tamanho da pilha de ossos formada pelos corpos de todos os nascimentos ocorridos anteriormente para cada ser vivo no samsara, ficaria igual ou mesmo ultrapassaria o monte Meru. Ademais, se não nos empenharmos no caminho, teremos ainda que nos desfazer de mais esqueletos do que todos aqueles do passado.

4. O Defeito de Ser Concebido[6] Vez após Outra

(68, dois últimos versos)

A Terra não seria suficiente se alguém contasse sua
Linhagem materna com grãos de barro do tamanho
de sementes de zimbro.

Se alguém tentasse contar o número de vezes que cada ser vivo foi sua mãe, mãe de sua mãe etc., fazendo um pequeno grão de barro do tamanho de uma semente de zimbro para cada vez, toda a terra do planeta se acabaria antes que chegasse ao fim da conta. De fato, não alcançaria sequer o número de vezes em que um único ser foi sua mãe. E, se não nos aplicarmos no caminho, esse número se tornará ainda maior.

Isto está expresso em um sutra do seguinte modo:

> Monges! Suponde que uma pessoa pegasse desta grande terra pequenos grãos de barro, cada qual do tamanho de uma semente de zimbro, e os jogasse de lado um a um, dizendo: "Esta é minha mãe, esta a mãe de minha mãe ..." O solo desta grande terra, ó monges, logo se acabaria; no entanto, eu declaro que o mesmo não ocorreria com a linhagem de mães de um ser humano.

5. O Defeito de Oscilar Continuamente entre Estados Elevados e Inferiores[7]

(69)

Após sermos Śakra, digno da veneração do mundo,
Caímos de volta na terra, pela força do carma;
Ou após sermos um Monarca Cakravartin,
Assumimos novamente, no samsara, a posição de criado.

Visto que Śakra é venerado até por deidades, desnecessário dizer que ele é venerado por outros seres. No entanto, após ter sido até mesmo uma figura desse porte, digna da veneração do mundo, caímos novamente na terra como uma pessoa comum — ou ainda em estados inferiores — por força do carma pregresso, do tipo que é experimentado em outras vidas. Podemos até mesmo ter sido um Monarca que Empunha a Roda (*cakravartin*),[8] dotado das Sete Preciosas Venturas[9] e senhor dos quatro continentes; entretanto, nas circunstâncias sempre cambiantes do samsara, caímos de volta, pela força do carma, à posição de um criado subalterno, ou mesmo nos estados inferiores.

Tendo sido assim enunciado que não podemos confiar no poder, ainda que grande, os versos seguintes têm por finalidade demonstrar a não-confiabilidade nos prazeres sensoriais.

(70)

Após termos experimentado por muito tempo o prazer de
Acariciar os seios e quadris das donzelas celestiais,
Passamos pela insuportável experiência dos
Processos de esmagação, corte e retalhação nos infernos.

Ao nascer como uma deidade, podemos experimentar por longo período os prazeres de acariciar os seios e quadris das donzelas celestiais. Então, pela força do carma negativo, renascemos nos infernos, onde somos esmagados entre as tremendas montanhas de ferro do inferno Saṃghāta,[10] cortados em pedaços por espadas no inferno Kāla Sūtra, e retalhados por armas ou pelos bicos e garras de criaturas terríveis nos infernos Tāpana e Mahātāpana. Além disso, ficamos sujeitos ao sofrimento atroz desses processos devastadores por um período ainda mais longo do que o dos prazeres experimentados anteriormente.

Os versos seguintes indicam que os prazeres derivados do meio em que vivemos são inconstantes.

(71)

Ponderai que, após a experiência prazerosa de
Sentir o chão afundar ao toque de vossos pés —
enquanto o cume do monte Meru foi a vossa morada —
O sofrimento terrível da Grota de Fogo e do Pântano de
Imundície vos golpeará novamente.

Ponderai e tende presente o seguinte. Vós podeis habitar pelo período de mil anos celestiais o pico do monte Meru, que é feito dos quatro tipos de materiais preciosos[11] e possui a qualidade maravilhosa de ceder suavemente sob a pressão do passo, e erguer-se de novo quando o pé se levanta. No entanto, após até mesmo esse prazer, precisamos novamente experimentar as misérias de caminharmos afundados até o joelho nas brasas causticantes da Grota de Fogo (Kukūla), e de viajarmos no Pântano de Imundície (Kuṇapa) — um charco pútrido de excrementos.

O objetivo dos versos seguintes é inspirar a pessoa a renunciar aos prazeres experimentados em bosques aprazíveis.

(72)

Tendo-vos divertido enquanto belos e aprazíveis jardins
Eram vossa morada e donzelas celestiais vos deliciavam,
Novamente vossos braços, pernas, orelhas e nariz
São cortados na Floresta de Árvores com Folhas como Espadas.

Podemos morar em bosques maravilhosos, onde somos "deliciados por donzelas celestiais", servidos e cercados por um grande número de tais donzelas. Todavia, após nos termos regalado aí por muito tempo com os prazeres dos sentidos, vamos para os infernos da Floresta de Árvores com Folhas como Espadas (Asipattravana). Essas folhas, com forma de diferentes tipos de espadas afiadas, caem quando tocadas pelo vento, cortando nossos braços, pernas, orelhas e narizes. Ficamos, assim, expostos ao sofrimento de ter corpo e membros cortados e trespassados. Além disso,

(73)

Após descansar no Riacho da Suave Corrente, com
Lótus dourados e donzelas celestiais de belo semblante,
Caímos novamente nas águas insuportavelmente cáusticas e
Ferventes do infernal Rio sem Vau.

Cercados de lindas donzelas celestiais, podemos nos banhar no riacho celeste chamado "Suave Corrente" (Mandā Kinī), cheio de água com as oito qualidades[12] e lótus dourados. Porém, após termos desfrutado desses prazeres demoradamente, cairemos nas águas alcalinas do infernal Rio sem Vau (Nadī Vaitaraṇī), um rio cheio de águas insuportavelmente cáusticas e ferventes.

Depois de ilustrado que os prazeres das duas classes inferiores de deuses do mundo dos desejos não são confiáveis, os versos seguintes indicam que são indignos de confiança os prazeres relativos aos demais deuses do reino dos desejos, como Yāma[13] etc., bem como aqueles dos dois reinos superiores.

(74)

Depois de alcançar os enormes prazeres dos reinos
Celestiais, e mesmo a felicidade suprema do não-apego
De Brahma, novamente passamos por sofrimento incessante,
Como gravetos nas fogueiras de Avīci.

Os prazeres sensoriais dos deuses da categoria de Yāma e dos seres celestiais superiores, excedem em muito aqueles dos deuses inferiores; e no reino de Brahma existe a felicidade suprema da transcendência do apego a objetos sensoriais. Entretanto, mesmo após alcançar tais estados, pela força do carma não-virtuoso realizado em outra vida, somos novamente forçados a servir de gravetos para as fogueiras do inferno Avīci,[14] no sentido de que ardemos incessantemente, e sem trégua, em fogueiras insuportavelmente quentes.

Ademais:

(75)

Quando se alcança o estado do Sol e da Lua,
A luz do corpo ilumina o mundo inteiro.
Porém, ao retornar novamente à escuridão, nem mesmo
A mão esticada pode ser vista.

A afirmação acerca de alcançar nascimento como seres celestiais do Sol e da Lua e iluminar o mundo com o corpo segue o senso popular, que não faz distinção entre meio ambiente (Sol e Lua como corpos físicos) e habitante (Sol e Lua como seres celestiais). Mais precisamente, é a luz da base das moradas celestiais do Sol e da Lua que ilumina o mundo inteiro.

Ao renascer, então, em alguma região de trevas localizada entre sistemas cósmicos onde a luz do Sol e da Lua não chegam, não se consegue sequer enxergar a própria mão esticada à frente.

6. O Defeito de não Ter Companheiros

(76)

Visto que tais são os defeitos (do samsara),
Erguei a tocha dos três tipos de mérito;
Pois é sozinhos que ingressamos na escuridão infinita,
Intocada por Sol ou Lua.

Ao entender que a vida é impermanente, que consiste numa variedade de estados eminentes e inferiores, e que é falha pois que a morte e suas conseqüências são inevitáveis, precisamos tomar a tocha que debela a grande escuridão dos estados de existência maléficos. Essa luz é o mérito tríplice quer de liberalidade, moralidade e meditação, quer de corpo, fala e mente.

Se não contamos com a luz dos méritos, ficamos sem companheiros, e temos que ingressar a sós na escuridão infinita dos três estados maléficos que são "intocados" — isto é, não-debelados — pela luz do Sol ou da Lua. Em tal escuridão, apenas a virtude pode nos servir de companhia, salvação ou luz. O *Lalita Vistara* expressa isto nas seguintes palavras:

Exceto pelo carma virtuoso que criamos,
Que nos segue os passos, não há companheiro
Algum para coisas que são compostas. Elas carecem de
Salvador, família, amigo ou séquito.

7. O Sofrimento Específico dos Cinco Tipos de Seres

Esta seção contém cinco partes, sendo a primeira:

O Sofrimento dos Infernos

Os versos que se seguem indicam, de forma genérica, o número dos infernos.

(77)

Para os seres que praticam o mal haverá
Sofrimento perpétuo nos infernos de Saṃjīva,
Kāla Sūtra, Mahātāpana, Saṃghāta,
Raurava, Avīci e assim por diante.

Os seres que praticam feitos nocivos pelas três portas vêm a experimentar, perpetuamente, o sofrimento dos infernos de Saṃjīva, Kāla Sūtra, Saṃghāta, Raurava, Mahāraurava, Tāpana, Mahātāpana, Avīci e "assim por diante": os infernos restantes, os Infernos Parciais (Pratyeka Naraka)[15] e os Infernos Gelados.

Aqueles que nascem em Saṃjīva se amedrontam ao se verem uns aos outros. Então, tudo o que pegam se torna armas afiadas que atiram uns nos outros, decepando braços e outras partes. Eles caem ao chão inconscientes, ao que uma voz vinda do céu proclama: "Revivei!" Erguendo-se novamente, repetem os gestos anteriores. Pelo fato de estes seres experimentarem sofrimento nesse ambiente por longo período, são chamados *saṃjīva*:[16] "aqueles que são novamente reavivados".

Os corpos dos que nascem em Kāla Sūtra são marcados pelos guardas daquele inferno com quatro, oito ou mais riscas pretas, e então retalhados e cortados em pedaços com vários tipos de armas afiadas. Como são submetidos a sofrimento nesse ambiente por longo período, estes seres são chamados *kāla sūtra*:[17] "aqueles que portam riscas pretas".

Os guardas do Saṃghāta reúnem os seres que aí nasceram, dirigindo-os entre montanhas em forma de cabeça de cabras, ovelhas e outros animais. Esmagados pelas montanhas, eles são então novamente reunidos e colocados em uma máquina de ferro que os esmaga como cana-de-açúcar, e o sangue jorra por todos os orifícios do corpo. Ainda outra vez, são juntados para serem submetidos a dores lancinantes, pois são apedrejados por uma enxurrada de blocos de ferro. Como são submetidos a sofrimento nesse ambiente por longo período, estes seres são chamados *saṃghāta*:[18] "aqueles que são esmagados".

Em Raurava, ao procurar um lugar para descansar, os seres entram em uma morada de ferro. Uma vez dentro, o fogo irrompe e, queimados pelas chamas tremendas, gritam em desespero. Como são submetidos a sofrimento nesse ambiente por longo período, estes seres são chamados *raurava*:[19] "aqueles que gritam".

Deve-se entender que, no inferno Mahāraurava,[20] os seres moram em local semelhante ao mencionado, mas com dois compartimentos.

Os guardas do Tāpana fervem os seres que aí se encontram em caldeirões de ferro cheios de metal derretido incandescente, e fritam-nos em recipientes de ferro rubro.

Eles os golpeiam sobre uma superfície de ferro rubro com martelos de metal, e os trespassam com espadas que saem pelo topo da cabeça e fazem com que brotem chamas de cada poro do corpo. Por ficarem submetidos a sofrimento nesse ambiente por longo período, são chamados "aqueles que ardem": *tāpana*.[21]

Em Mahātāpana, os seres experimentam o sofrimento há pouco descrito com o acréscimo de serem trespassados por espadas de três pontas, que saem pelo topo da cabeça e por ambos os ombros, com chamas irrompendo de cada poro do corpo. Eles são, ademais, envolvidos por lâminas chamejantes de ferro e furados, sobre uma superfície de aço incandescente, por cem pregos, e assim por diante. Como são submetidos a sofrimento nesse ambiente por longo período, estes seres são chamados *mahātāpana*:[22] "aqueles que queimam intensamente".

Massas de fogo vindas das quatro direções convergem sobre os seres do Avīci, fundindo-se em uma só chama dentro de seus corpos. Não fora pelos gritos de sofrimento, seríamos incapazes de distinguir entre os seres e as chamas.

Visto que o sofrimento nessa região é constante e sem trégua, ela é chamada *avīci:*[23] "tortura ininterrupta". Como são submetidos a sofrimento nesse ambiente por longo período, estes seres são chamados "aqueles que são torturados ininterruptamente".

As Regiões Circunjacentes[24] estão localizadas nos quatro lados de cada um dos oito grandes infernos. Cada um desses lados possui um portão, para além do qual se encontram quatro outros tipos de sofrimento. A primeira, Kukūlam — Grota de Fogo[25] — aparece imediatamente do lado de fora dos portões, e consiste em brasas escaldantes até a altura dos joelhos. Ali, a pele e a carne se consomem quando se pisa, e crescem novamente à medida que a perna é erguida.

Ao lado dessa região está Kuṇapa — Pântano de Imundície[26] —, um charco de excrementos com odor extremamente fétido. Quando aí chega, a pessoa cai e afunda até a cabeça. Dentro do charco há criaturas que furam a carne das pessoas com bicos extremamente afiados. Ao lado está Kṣuramārga, o Caminho Repleto de Lâminas,[27] onde a carne é retalhada quando se pisa, e se regenera ao erguer do pé.

Vizinha a essa região está Asipattravana, a Floresta de Árvores com Folhas como Espadas.[28] A pessoa vai lá para desfrutar de uma sombra refrescante mas, em vez disso, tomba ao chão à medida que as folhas caem, cortando-lhe os braços e outras partes menores do corpo. Cães selvagens então abocanham sua carne e a devoram. Ao lado está Ayaḥśālmalīvana, a Floresta das Árvores Śālmalī de Ferro,[29] onde as pessoas são forçadas a subir e descer das árvores. Ao subir, grandes espinhos que apontam para baixo furam e retalham a carne; na descida, os espinhos se voltam e apontam para cima. Há também corvos com bicos de ferro que furam os olhos das pessoas e os comem. Devido à semelhança de agruras, o Caminho Cheio de Lâminas é contado junto com essas duas áreas como uma única região.

Ao lado está Nadī Vaitaraṇī, o Rio sem Vau,[30] repleto de águas ferventes. Ao cair dentro delas, as pessoas são impedidas de sair por guardas que brandem espadas, postados de ambos os lados. Se alguém consegue sair, é forçado a cair de costas sobre uma superfície de ferro chamejante. A boca é aberta à força com um instrumento de ferro, e a pessoa é obrigada a engolir uma bola de ferro em chamas, ou cobre derretido. As pessoas são submetidas a sofrimento nesse ambiente por longo período.

Como existem quatro de cada lado, essas regiões somam dezesseis. O *Abhidharmakośa* declara:

> Para os oito, existem dezesseis (regiões) adicionais:
> Braseiro Ardente, Pântano de Excrementos,
> Caminho Cheio de Lâminas etc., e Rio.
>
> [cap. 3, est. 58-59]

Os seres que nascem nos infernos gelados experimentam sofrimento com o frio da seguinte maneira. Quem nasce em Arbuda ("aquele que porta chagas")[31] é golpeado por grandes ventos gelados. O corpo todo se retrai e se recobre de chagas. As chagas estouram em Nirarbuda ("onde as chagas se abrem"),[32] e o corpo encolhe ainda mais.

Os nomes das pessoas em Aṭaṭa, Hahava e Huhuva[33] são atribuídos em razão dos sons que emitem enquanto torturadas pelo frio.

Grandes ventos golpeiam os seres em Utpala ("lótus azul"), fazendo com que sua pele fique azul e se abra em cinco ou seis partes. Em Padma ("lótus"), a cor da pele muda de azul para vermelho, abrindo-se em dez ou mais partes. Em Mahāpadma ("grande lótus"), a pele torna-se extremamente rubra e abre-se em cem ou mais partes.

O sofrimento dos Infernos Parciais é assim descrito: um açougueiro que abatia vacas renasceu sob a forma de um cavalo cujos relinchos de dor enchiam o ar, ao passo que seu aprendiz renasceu sob a forma de um monte de ossos mal-cheirosos, bicados por corvos.

Experiências semelhantes podem ser encontradas nas histórias de santos budistas escritas por Saṇgharakṣita. Uma delas conta sobre um homem chamado Śroṇa,[34] que se perdeu próximo ao oceano. Após vagar pelo deserto por algum tempo, deparou-se com uma pessoa que, à noite, desfrutava das delícias de uma mansão celestial repleta de riquezas divinas. Ao raiar do dia, a mansão desaparecia e o homem caía por terra, onde vivia o grande sofrimento de ser retalhado e comido por feras medonhas. Com o surgir da noite, experimentava, novamente, as riquezas divinas. Śroṇa indagou o homem sobre isto, e recebeu a seguinte resposta:

> Durante o dia, eu tirava a vida dos outros,
> Observando, à noite, as virtudes da moralidade.
> Em conseqüência daquelas ações, agora experimento
> Estes frutos bons e ruins.

Seguindo adiante, ele viu outro homem que, durante o dia, desfrutava de riquezas divinas e, à noite, era agarrado por uma ogra imensa que o devorava por etapas, começando pela cabeça; assim, padecia de insuportável sofrimento e depois, com o dia, vivia as mesmas experiências de antes. Como da outra vez, Śrona perguntou sobre isso, e recebeu esta resposta:

À noite, eu ansiava por sexo imoral,
Observando durante o dia as virtudes da moralidade.
Em conseqüência daquelas ações, agora experimento
Estes frutos bons e ruins.

Esta é a forma pela qual as escrituras descrevem o sofrimento dos Infernos Parciais.

Os versos a seguir são apresentados com a intenção de ilustrar vários dos tipos específicos de sofrimento que existem nos Infernos Quentes.

(78)

Alguns são prensados como gergelim, e outros são
Igualmente moídos como farinha fina.
Alguns são cortados em pedaços com serrotes; outros
Ainda, são rachados por machados terríveis de lâminas afiadas.

Alguns seres em Saṃghāta são esmagados, como sementes de gergelim, em uma prensa de ferro, soltando jorros de sangue. De igual forma, outros são moídos por pedras de moinho, feitas de ferro incandescente, até ficarem reduzidos a fino pó, tal qual farinha de arroz ou outros cereais. Em Kāla Sūtra, alguns seres são esquartejados com serrotes incandescentes, enquanto outros são cortados ao meio por machados em chamas, que possuem lâminas muito afiadas.

(79)

Outros são igualmente preenchidos com
Líquido flamejante de ferro derretido.
Outros são empalados com espadas de
Ferro, farpadas e flamejantes.

Da mesma forma, os seres em Tāpana e aqueles sobre as margens do Rio sem Vau têm as bocas constantemente abertas à força, e são inteiramente preenchidos com ferro derretido, fervente e incandescente, soltando fagulhas. Outros, em Tāpana, são empalados com espadas de ferro, farpadas e em chamas.

(80)

Retalhados por cães ferozes com presas de ferro,
Alguns erguem os braços ao céu, enquanto outros
Seres indefesos são feridos por corvos com
Afiados bicos de ferro e terríveis garras.

Estas são várias das experiências encontradas nas regiões circunjacentes aos infernos. Na Floresta das Árvores com Folhas como Espadas, cães ferozes rosnam alto, rasgando os corpos das pessoas com presas de ferro. Enquanto seus corpos são comidos, elas elevam os braços aos céus, clamando em agonia. Outros seres indefesos, empoleirados em árvores *śālmalī*, são bicados nos olhos e na carne por bandos de corvos e outras aves, todas com bicos de ferro pontiagudos e garras de ferro horrivelmente afiadas.

(82)

Em um monte de escória chamejante, alguns são
Incessantemente queimados — suas bocas escancaradas.
Alguns são fervidos de cabeça para baixo
Em grandes caldeirões, como bolos de arroz.

Os guardas de Tāpana queimam sem cessar as criaturas que aí existem, por longos períodos, em um monte de escória de ferro ardente. Elas são queimadas tão intensamente que suas bocas pendem abertas; na verdade, elas têm forças apenas para abrir a boca.

Alguns são fervidos, de cabeça para baixo, em caldeirões em chamas, cheios de água cáustica. Atirados para cima e para baixo, parecem bolos de arroz em água fervente.

Depois de assim descrito o sofrimento dos grandes infernos, em termos gerais e abreviados, os versos seguintes visam incutir temor àqueles que vivem de maneira que os leva a renascer naqueles lugares.

(83)

Têm o coração duro como diamante aqueles malfeitores
Que, separados dos infernos apenas até o cessar da
Respiração, não se amedrontam de mil formas após
Escutar o sofrimento incomensurável dos infernos.

Aqueles malfeitores que geraram carma capaz de levar às experiências dos infernos, estão separados desse sofrimento apenas pelo tempo que o processo da respiração leva para cessar, já que, imediatamente após o derradeiro suspiro, ingressamos num novo estado de existência. Assim, qualquer pessoa que, apesar de ouvir acerca do sofrimento incomensurável dos infernos, como foi descrito, não se deixa atemorizar de mil formas — ou seja, por um número muito grande delas —, de sorte que sua mente não fica aterrorizada e seu corpo prestes a estourar, sem dúvida possui corpo e mente da natureza do diamante, caso contrário certamente ficaria aterrada.

A razão disto é enunciada nos próximos versos.

(84)

Se o simples fato de ver desenhos ou estátuas,
Recordar, ler ou ouvir sobre os infernos
Engendra medo, que necessidade há de se falar sobre
Experimentar essa terrível maturação?

Se ver desenhos dos infernos, recordar experiências passadas ou ouvir os outros contá-las; se ler a respeito dessas experiências nas escrituras ou contemplar representações modeladas em argila e outros materiais, nos deixa amedrontados, não há, então, necessidade alguma de mencionar o medo que vem com a efetiva experimentação dessas horríveis maturações.

O sofrimento em todos os infernos não é o mesmo; por isso, os versos seguintes pretendem mostrar que os infernos inferiores contêm sofrimento de intensidade progressivamente crescente — e que a maior delas está no Avīci.

(85)

Assim como a extinção dos desejos é a
Rainha de todos os prazeres, o
Sofrimento do inferno Avīci é o mais
Terrível de todos os sofrimentos.

De todos os prazeres, nenhum é mais elevado do que a felicidade da liberação, que é a extinção total dos desejos pelos Três

Reinos. Assim, esta felicidade é rainha, o que vale dizer suprema. Do mesmo modo, o inferno Avīci é o maior e o mais pavoroso de todos os sofrimentos que resultam da não-virtude.

Qual é a magnitude do sofrimento desse inferno? O verso seguinte demonstra que nada há, entre o humano, que a ele se possa comparar.

(86)

O sofrimento que se tem aqui, ao ser perfurado durante
Um único dia por trezentas lanças, com toda força, não se
Compara nem iguala mesmo a uma diminuta porção do
Menor sofrimento dos infernos.

O sofrimento que se experimentaria aqui, no reino humano, ao ser desnudado e perfurado, com a mais poderosa das forças, por trezentas lanças, todas de uma só vez, pelo período de um dia inteiro, nem mesmo por alto se aproximaria do mais leve dos sofrimentos dos infernos, como aquele dos Infernos Parciais; nem se equipararia sequer a uma diminuta porção, como uma centésima ou milésima parte deles.

Por quanto tempo se tem que experimentar tais sofrimentos? O *Abhidharmakośa* estabelece a duração da vida dos seres em cada um dos infernos da seguinte forma:

Nos seis infernos de Saṃjīva etc., um
Dia completo é igual à vida dos deuses do
Mundo dos Desejos, respectivamente; assim, suas vidas
São semelhantes àquelas desses deuses.
Em Mahātāpana é a metade;
Em Avīci, um *kalpa* intermediário.

[cap. 3, est. 82-83]

Feita esta afirmação de ordem geral,

(87)

Embora sofrimentos tão insuportáveis sejam
Experimentados por até um bilhão de anos, não se fica
Livre daquela vida infernal, enquanto a
Não-virtude não se exaurir.

Pode-se experimentar o mais terrível sofrimento nas formas há pouco descritas, por até um bilhão de anos. Entretanto, até que a causa, a não-virtude, venha a se extinguir, não se fica livre daquela vida infernal porque o carma que precipita nos infernos possui grande força.

Os versos seguintes afirmam que, como o sofrimento nos infernos aqui descrito tem origem na não-virtude, esta causa deve ser abandonada.

(88)

As sementes do sofrimento — os frutos da não-virtude — são as
Más ações cometidas através de corpo, fala e mente.
Vós deveis empenhar todas as vossas forças para
Evitar, por todos os meios, mesmo sua mais diminuta ocorrência.

As sementes dos sofrimentos nos infernos — resultantes da não-virtude — são atos nocivos cometidos através do corpo (como tirar vidas), da fala (como dizer falsidades) e da mente (como a cobiça). Vós, ó Rei, deveis evitar por todos os meios de praticar, no menor grau que seja, estes três tipos de má conduta. Para este fim, exercei-vos com todas as vossas forças.

O Sofrimento dos Animais

Os versos seguintes são enunciados em sentido geral.

(89)

Nascimento na condição de animal traz muitas espécies
De sofrimento: o de ser abatido, amarrado, açoitado e outros.
O destino mais terrível de comer uns aos outros
Aguarda aqueles que se afastaram da virtude propiciadora da paz.

Visto que os animais, diferentemente dos humanos, não caminham eretos, são chamados "aqueles que caminham encurvados" (*tiryak*). Os seres dentro desse estado de nascimento são mortos pelos homens e demais criaturas, amarrados com cordas e fustigados com chicotes e outros instrumentos, e, de modo geral, experimentam infinitos males provenientes de seres humanos e não-humanos.

Os animais afastaram-se da virtude que traz paz (ou seja, nirvana), como aquela que "coincide com o discernimento absoluto" (*nirvedha bhāgīya*),[35] no sentido de que são incapazes de dar origem a tais virtudes. E, porque em seu meio os animais inevitavelmente se devoram uns aos outros, diz-se que esta sorte é "a mais terrível".

Os próximos versos têm em vista os tipos específicos de sofrimento dos animais.

(90)

Alguns morrem por causa de pérolas ou lã,
Ossos, carne ou pele. Outros, indefesos, são
Explorados e golpeados com pontapés, socos,
Chicotes, ganchos e ferrões.

Alguns animais são mortos por causa das pérolas, outros, da lã, e outros ainda, como os elefantes, do marfim. Alguns — por exemplo, o veado montês — são mortos por sua carne, e alguns, como o leopardo, por sua pele. Outros animais, propriedades indefesas de deuses e homens, como o cavalo, o búfalo, o jumento, o elefante e o boi — sofrem as agruras da exploração, golpeados com pontapés, socos, chicotes, ganchos e ferrões.

O Sofrimento dos Fantasmas Famintos (*Pretas*)

Genericamente,

(91)

Entre os *pretas* há sofrimento constante causado pela
Falta de coisas materiais. Atravessam as mais terríveis
Agruras provocadas por medo, ansiedade,
Fome, sede, frio e calor.

Em suma, aquele que nasce como *preta* fica sujeito a sofrimento incessante, causado por uma falta total de coisas materiais. O termo "incessante" denota, especificamente, que, como não há oportunidade de se obter coisas materiais, tal penar não pode ser aliviado.

Poder-se-ia indagar que tipo particular de sofrimento é esse. São os tormentos extremamente terríveis criados pela fome, a sede, o frio no inverno e o calor no verão. É a aflição provocada pelo vagar de um lado para outro em busca de comida e bebida, e o medo que surge ao se encontrar pessoas que portam espadas e outras armas semelhantes.

Para demonstrar os tipos específicos de sofrimento, os versos seguintes tratam daqueles ligados à fome e sede.

(92)

Alguns, com bocas como fundo de agulha e estômagos do
Tamanho de uma montanha, são torturados pela fome,
Mas são incapazes de comer mesmo a mais diminuta
Quantidade de imundície jogada fora.

Sendo tão difícil preencher um estômago do tamanho de uma montanha, quando se tem uma boca pequena como o fundo de uma agulha, estes *pretas* são atormentados pela fome. Mesmo se vierem a encontrar uma quantidade ínfima de imundície que alguém jogou fora — como urina ou excremento —, são incapazes de comê-la, porque suas bocas são muito pequenas.

Os versos seguintes descrevem a repugnância dos corpos dos *pretas*, e o fato de que suas bocas ardem em chamas.

(93)

Alguns são nus, apenas pele e osso, como o topo
Ressequido de uma palmeira. Outros têm bocas que
Chamejam à noite. Como alimento, comem
Areia que lhes cai na boca.

Os corpos de alguns *pretas* são desprovidos de carne, compostos meramente de pele e osso. Não têm roupas, ficando, assim, nus; e sua aparência é semelhante ao topo de uma palmeira, ressequida e sem casca.

Alguns soltam fogo pela boca toda noite, embora não o façam durante o dia; e areia quente, que cai em suas bocas, serve-lhes de alimento.

Os próximos versos ilustram, em particular, os sofrimentos das classes inferiores de *pretas*.

(94)

Muitos das classes inferiores não conseguem encontrar
Nem mesmo imundícies como pus, excremento, sangue e
Coisas semelhantes. Atacam-se uns aos outros,
 comendo pus de bócios
Supurados que crescem em seus pescoços.

Alguns *pretas* pertencem às classes inferiores, o que vale dizer que têm péssima sorte. São incapazes de encontrar mesmo pus, excremento, sangue e outros tipos assim de imundície, muito menos algo saboroso. No entanto, quando se avistam uns aos outros, ficam enraivecidos e se atacam, golpeando-se com clavas. Eles contraem bócios no pescoço que vêm a supurar e, então, para se sustentar comem o pus que daí exsuda.

Os versos seguintes ilustram vários outros tipos de sofrimento desses *pretas*.

(95)

No verão, mesmo a lua lhes causa calor,
Ao passo que no inverno o sol lhes causa frio.
Ao seu mero olhar, as árvores perdem os
Frutos e os rios secam.

Na estação do verão, até a lua causa uma sensação de calor ardente a esta classe inferior de *pretas*, enquanto no inverno mesmo o sol lhes provoca frio. Este é o seu penar com calor e frio. Ademais, mesmo árvores carregadas de frutos maduros e suculentos — com galhos arqueados sob seu peso — parecem secas e vazias de frutos, ao seu mero olhar. Os rios, ainda que cheios de águas dotadas das oito excelentes qualidades, parecem-lhes áridos ou, então, cheios de lava escaldante ou grandes quantidades de lixo infestado de vermes.

Por quanto tempo eles experimentam esse sofrimento?

(96)

Vivendo sob incessante sofrimento e
Firmemente presos pelos grilhões cármicos das
Más ações, alguns não morrem por cinco ou
Mesmo dez mil anos.

"Incessante" significa que esses seres vivenciam sofrimento constante. Alguns, que vivem suas vidas por inteiro, não morrem antes de cinco ou mesmo dez mil anos humanos — apesar de não conseguirem obter comida, bebida etc. —, porque se encontram atados pelos grilhões cármicos dos maus atos.

Poder-se-ia indagar a respeito das causas que provocam tais experiências de sofrimento.

(97)

A causa do sabor único com que
Os *pretas* experimentam sofrimentos tão diversos,
É o deleite na avareza.
O Buda declarou ignóbil a sovinice.

Os vários tipos de agruras que os *pretas* experimentam, como fome, sede e assim por diante, são idênticos no sentido de que constituem sofrimento. Assim, diz-se que possuem "sabor único" (*eka rasa*). Sua causa é o deleite na avareza — mesquinhez habitual. Ademais, o Buda declarou a sovinice "ignóbil", o que vale dizer que é uma não-virtude poderosa. O *Saṃcaya Gāthā* afirma:

O avaro nascerá na condição de *preta* ou, então,
Se nascer humano, como mendigo.

O Sofrimento dos Deuses

(98)

Maior que os prazeres dos seres
Celestiais é o sofrimento que cerca seu falecimento.
Ao ponderar isto, o justo não anseia
Pela transitoriedade dos reinos celestes.

Embora haja grande prazer — representado pelas delícias dos sentidos — nos reinos celestiais dos deuses do mundo dos desejos, o sofrimento que advém por ocasião de seu falecimento suplanta em muito esse prazer. Como explica uma escritura:

"Ai de mim! O Jardim das Múltiplas Carruagens.[36]
Ai de mim! O Rio de Curso Suave.
Ai de mim! Deuses de mente tão bela!"
Pranteando assim, eles caem por terra.

Ao contemplar isto, os justos — aqueles que têm visão penetrante e entendimento — não anseiam pelos prazeres dos reinos celestiais, visto que mesmo esses prazeres terminam, não contando, portanto, com valor duradouro.

"Como é possível", poder-se-ia perguntar, "que os deuses experimentem sofrimento na hora da morte, se seu nascimento se dá de forma milagrosa e não padecem de ferimentos mortais?" Os versos seguintes ilustram que, conquanto não haja sofrimento físico, os deuses passam por sofrimento mental extremo, quando confrontados com as premonições de sua morte.

(99, 100)

A cor da pele perde seu viço,
O assento não mais agrada,
Guirlandas murcham, as vestes passam a exalar cheiro,
E o corpo se suja — como nunca antes.

Estas são as cinco premonições que cercam a morte nos
Reinos celestiais. Elas aparecem aos deuses de
Modo similar aos sinais da morte que cercam
Os humanos na Terra, prestes a morrer.

À medida que um deus se aproxima da hora de sua morte, esmaece a bela coloração de sua pele, que se torna sem atrativo. Começa a lhe desagradar permanecer sentado em seu divã, e suas guirlandas de flores decorativas começam a murchar. Suas vestes adquirem odor e o corpo torna-se sujo — o que jamais ocorrera antes. Estes cinco acontecimentos são premonições ou sinais que acompanham a morte dos deuses nos reinos celestiais, e sua ocorrência traz grande infelicidade. São como os sinais da contração do nariz e o "cheiro de Yāma", que cercam a morte dos humanos na Terra.

Sofrimento desse tipo, em torno de seu falecimento, não é o único que os deuses experimentam. Os versos seguintes afirmam que, depois da morte, eles se deparam com o sofrimento dos estados funestos.

(101)

Se, após partir do reino divino,
Não remanesce virtude alguma,
Entra-se inevitavelmente no
Estado de animal, *preta*, ou criatura do inferno.

Se alguém expira e parte dos reinos celestiais sem que lhe reste virtude alguma para nascer nos estados superiores — estando assim impotente para permanecer nesses estados —, irá então cair em um dos três estados de animal, *preta* ou criatura do inferno, e experimentar os sofrimentos correspondentes.

O Sofrimento dos Semideuses (*Asuras*)

(102)

Os *asuras*, em decorrência de sua natural hostilidade
Para com a glória dos deuses, têm grande sofrimento mental.
Embora inteligentes, não podem enxergar a Verdade
Devido à obstrução de seu estado de ser.

Em razão de seu grande orgulho, os *asuras*,[37] por natureza, têm grande animosidade para com a glória dos deuses. Esta intolerância causa-lhes grande sofrimento mental, visto que a inveja é muito incômoda para a mente.

Os *asuras* também sofrem por guerrear contra os deuses, ocasião em que seus corpos são feridos e retalhados. E, embora capazes de distinguir entre virtude e mal, são incapazes de adquirir compreensão da Verdade — uma obstrução própria de todos os seres desse estado de nascimento, e que representa uma maturação peculiar de seu carma.

Alguns comentários afirmam que o nascimento como *asura* é projetado (*ākṣipta*)[38] por um carma não-virtuoso e consumado (*paripūrṇa*)[39] por carmas virtuosos. Ārya Asanga, entretanto, declarou que, por serem os *asuras* criaturas de forma divina, seu estado de existência é projetado por carma virtuoso.

Explanados assim os defeitos do samsara, os versos derradeiros visam engendrar um sentimento de aversão por ele.

(103)

Sendo assim o samsara, não há nascimento
Auspicioso entre deuses, homens,
Seres dos infernos, *pretas*, ou animais.
Sabei que o nascimento é um veículo de muitos males.

Pelo fato de o samsara abarcar os defeitos explicados, não há nascimento algum entre qualquer espécie de ser — quer deus ou homem etc. — que seja auspicioso. O nascimento deve ser entendido como o veículo ou base de muitos tipos de males — como o "mal dos relacionamentos próximos", [40] e assim por diante.

c) PROSSEGUIMENTO NO CAMINHO APÓS A CONTEMPLAÇÃO DAS VIRTUDES DO NIRVANA

Esta seção é composta de dois capítulos.
O primeiro trata daquilo que é comum a todos os veículos.

Capítulo 5

Aquilo que é comum a todos os veículos

A primeira das duas partes deste capítulo ilustra que o nirvana possui virtudes que o tornam um objeto digno de ser alcançado.

1. Ilustração das Virtudes que Tornam o Nirvana um Objeto a Ser Alcançado

Os versos seguintes são enunciados como inspiração para nos empenharmos na busca do nirvana, uma vez que tenhamos desenvolvido, como ficou explicado, real insatisfação diante do mundo.

(104)

Mesmo que a cabeça ou as vestes de uma pessoa venham
Subitamente a se incendiar, ela deve abrir mão de
Apagá-las, e se aplicar para pôr fim ao renascimento.
Nenhum fim é mais exaltado do que este.

Se a cabeça ou as vestes de alguém vierem subitamente a se incendiar, a pessoa rapidamente tentará apagar as chamas, que destruiriam tanto a vida quanto partes do corpo. Entretanto, um homem sábio, conhecedor dos defeitos do samsara, abandonaria quaisquer esforços de extinguir o fogo, esforçando-se, em vez disso, para pôr fim ao renascimento, sem consideração pela vida ou qualquer parte do corpo. Isto porque para o indivíduo não há meta mais elevada do que pôr fim ao renascimento.

Como pode ser atingida a cessação do renascimento? Os versos seguintes ilustram como isto se dá por meio dos três treinamentos preciosos.

(105)

Por meio de moralidade, sabedoria e *dhyāna* é preciso
Alcançar o nirvana — o estado imaculado de paz e
Aquietamento: eterno, imortal e livre de terra,
Água, fogo, ar, sol e lua.

Em suma, o nirvana é alcançado através dos três treinamentos citados: moralidade, sabedoria e *dhyāna*.

O nirvana é duplo: aquele que "não possui remanescentes" (*niravaśeṣa*),[1] e aquele que "possui remanescentes" (*sāvaśeṣa*).[2] O primeiro é chamado "paz", pois houve cessação de todos os agregados impuros. O segundo, "aquietamento", porque consiste no aquietamento das faculdades. Como ambos são isentos da turvação das aflições mentais, são "imaculados". A pessoa se torna "eterna" porque o processo de envelhecimento deixa de ocorrer, e "imortal" porque sua força vital não mais fica sujeita a alterações. O nirvana é "eterno" porque, por todo o sempre, é interminável.

A fim de distinguir esta liberação daquilo que vários não-budistas alegam possuir a cor da neve, de uma concha, da coalhada, da névoa ou da pérola, e o formato de um pára-sol branco, os versos afirmam que se deve alcançar o estado "isento de terra, água, fogo, ar, sol e lua".

2. Instrução para a Busca do Conjunto de Causas do Nirvana

Esta seção, por sua vez, tem sete partes. A primeira trata dos sete braços da iluminação (*saptabodhyaṅga*). Os versos seguintes demonstram os darmas que, quando alcançados, propiciam a realização do nirvana.

Os Sete Braços da Iluminação

(106)

Lembrança, discernimento dos darmas, esforço, alegria,
Diligência extrema, samádi e equanimidade: estes
São os sete braços da iluminação, o conjunto de
Virtudes que propiciam a realização do nirvana.

"Lembrança" (*smṛti*) significa não esquecer os objetos de atenção: as Verdades. "Sabedoria" (*prajñā*) é o discernimento integral dos darmas. "Esforço" (*vīrya*) é deleite na virtude, ao passo que "alegria" (*prīti*) é o estado de satisfação mental diante dela. "Diligência extrema" (*prasrabdhi*)[3] é aptidão de corpo e mente. O sexto é samádi. "Equanimidade" (*upekṣa*) é um estado natural e relaxado, em que tanto o "obscurecimento"[4] quanto a "excitação"[5] mentais estão ausentes. Ademais, deve-se entender que todos ocorrem dentro do caminho da visão (*darśanamārga*).

São chamados "braços da iluminação"[6] porque são os braços da iluminação que compõem o caminho da visão.

Em que sentido constituem os braços da iluminação do caminho da visão? A escritura *Sūtrālaṃkāra*, da escola Mahayana, explica assim esta questão:

> O braço da essência, o braço da sustentação e,
> Terceiro, o braço da perseverança. O
> Quarto é o braço do benefício, enquanto
> Três são braços da não-aflição.
>
> [cap. 18, est. 63]

Lembrança

A lembrança é o braço que serve de sustentação (*niśraya*) para a iluminação do caminho da visão, pois, ao mantermos o estado de lembrança, impedimos que os darmas virtuosos degenerem, já que são constantemente reiterados na mente. Por nos possibilitar compreender objetos ainda não compreendidos, a lembrança também é semelhante à Roda Preciosa (*cakraratna*),[7] que nos permite conquistar terras não-conquistadas. Novamente, no *Sūtrālaṃkāra*:

> A fim de conquistar os objetos não-conquistados do
> Conhecimento, praticai sempre a lembrança.
>
> [cap. 18, est. 58]

O Discernimento dos Darmas

A sabedoria é o braço da essência (*svabhāva*) pois esta é a natureza essencial do caminho da visão. A sabedoria é como o elefante (*hastiratna*) que destrói seu inimigo, no sentido de que vence as conceitualizações que falsamente afirmam a existência de uma natureza intrínseca real e de entes reais:

> Por meio deste discernimento, todos os sinais da
> Conceitualização são destruídos.
>
> [cap. 18, est. 58]

Esforço

O esforço é o braço da perseverança (*niryāṇa*) porque nos possibilita prosseguir até que a meta seja alcançada. É semelhante ao cavalo supremo (*aśvaratna*),[8] que nos transporta à terra cercada pelo grande oceano, no sentido de que rapidamente propicia a obtenção do conhecimento supranormal (*abhijña*):[9]

> Este esforço leva
> Velozmente à realização.
>
> [cap. 18, est. 59]

Alegria

A alegria constitui o braço do benefício (*anuśaṃsa*) porque traz conforto à mente. Ela causa prazer da mesma forma que o brilho das jóias (*maṇiratna*)[10] o faz para um rei.

> ... e com o crescer da luz do Darma,
> A alegria traz constante desenvolvimento.
>
> [cap. 18, est. 59]

Diligência Extrema

A diligência extrema é o "braço pelo qual nos desviamos de todo estado de aflição mental", porque ela destrói a causa das aflições mentais, ou seja, quaisquer estados nocivos (*dauṣṭulya*) de corpo, fala ou mente. Esta diligência é como a rainha (*strīratna*)[11] que faz com que seu rei experimente felicidade:

> Por nos liberar de todos os obstáculos,
> Atingimos a felicidade por meio da diligência extrema.
>
> [cap. 18, est. 60]

Samádi

Samádi é o "braço em que nenhuma aflição mental surge", pois nesse estado libertamo-nos de tais aflições. Samádi é como o ministro do rei (*gṛhapati*),[12] pois alcança todas as metas desejadas.

Samádi nos faz
Alcançar os resultados desejados.

[cap. 18, est. 60]

Equanimidade

A equanimidade é, por natureza, um estado isento de aflição mental, pois sua essência é a liberação de todas as aflições, tais como a cobiça e o sofrimento mental. A equanimidade é como o comandante militar (*pariṇāyaka ratna*)[13] que dispõe dos quatro braços da força militar, os quais permanecem postados segundo seu desejo.

Por meio da equanimidade, permanecemos,
Em toda parte, da maneira como desejamos.

[cap. 18, est. 61]

Estes sete [braços da iluminação] formam o conjunto de causas virtuosas que propiciam a realização do nirvana, e devem, portanto, ser perseguidos.

A União de *Śamathā* e *Vipaśyanā*

Os versos seguintes demonstram que o nirvana é alcançado através da união de *śamathā*[14] e *vipaśyanā*.[15]

(107)

Não pode haver *dhyāna* sem sabedoria;
Não pode haver sabedoria sem *dhyāna.*
Aquele que possui ambos reduz o oceano da
Existência ao tamanho da pegada de um boi.

Sem a sabedoria que compreende corretamente os atributos individuais e gerais dos darmas, não podemos fazer surgir os *dhyānas*.[16] Isto porque a sabedoria, que é isenta de dúvidas, desfaz todas as idéias supérfluas acerca dos objetos de conhecimento, e fixa a mente, com naturalidade, sobre o objeto de meditação.

Ademais, sem *dhyāna* não há sabedoria que seja conhecimento verdadeiro e exato, pois foi declarado que o conhecimento verdadeiro e exato vem quando a mente está em perfeita quietude.

Qualquer iogue que possua tanto *dhyāna* — qualidade unidirecional da mente voltada para um determinado objeto de meditação — quanto sabedoria — que é conhecimento verdadeiro e exato — reduz o oceano da existência à quantidade de água que cabe na pegada de um boi. Isto porque ele é capaz de fazê-la secar rapidamente, ou porque é capaz de cruzá-la prontamente.

Neste caso, "sabedoria" significa compreender a ausência de natureza intrínseca das pessoas e dos darmas; pois nenhuma outra sabedoria possui o poder de cortar as raízes da existência. Sabedoria sem *dhyāna* não é firme e, portanto, é impotente para erradicar as aflições mentais. Da mesma forma, *dhyāna* sem sabedoria consegue suprimir apenas a manifestação das aflições mentais, sem conseguir erradicar suas sementes. Em conseqüência, é o caminho de *śamathā* (quietude) e *vipaśyanā* (insight) unidos, que propicia a realização do nirvana.

Das duas, *vipaśyanā* é mais crucial do que *śamathā*, pois um *stotra* (hino de louvor) afirma o seguinte:

> Para o homem não inclinado ao Vosso Ensinamento,
> Cego pela ignorância, o sofrimento reaparecerá
> E a existência será prolongada, mesmo que ele
> Alcance o ápice da existência (*bhavāgra*).

E mais,

> Embora um seguidor de Vosso Ensinamento ainda não tenha
> Alcançado o efetivo estágio de *dhyāna*,
> Ainda assim fará recuar existências futuras,
> Mesmo que os demônios continuem à espreita.

Assim, aqueles que desejam a liberação deveriam esforçar-se primeiro para atingir a aptidão mental do *śamathā*, e então aplicar-se, com sabedoria discriminadora, à ioga da meditação sobre os dois aspectos da natureza não-intrínseca, a qual tem início na prática da "lembrança bem-estabelecida" (*smṛtyupasthāna*). Meditação dissociada de sabedoria discriminadora é apenas um apaziguamento da mente, que não serve sequer para nos libertar dos apegos mundanos, e muito menos para nos conduzir à liberação.

O Abandono dos Temas Não-dignos de Consideração, e a Busca da Compreensão da Originação Dependente

Os versos seguintes visam afastar-nos da contemplação de temas que não sejam dignos de consideração — que constituem obstáculos à visão correta e ao caminho que leva ao nirvana.

(108)

Não deveis contemplar as coisas que o
Parente do Sol declarou serem as
Catorze (Visões) Inexplicadas, pois a
Mente não se pacificará por meio delas.

As "catorze visões inexplicadas" (*avyākṛtadṛtadṛṣṭi*),[17] conforme enunciado no *Dīrghāgama* pelo Parente do Sol, o Buda Bhagavan, são as seguintes:

1. As quatro fundadas no passado: que a natureza intrínseca e o mundo são eternos (*śāsvata*), não-eternos, ambas as coisas ou nenhuma delas;
2. As quatro fundadas no futuro: que a natureza intrínseca e o mundo têm fim (*antavān*), não têm fim, ambas as coisas ou nenhuma delas;
3. As quatro fundadas no nirvana: que o Tathagata[18] continua a existir após sua morte, que não o faz, que ele tanto o faz quanto não o faz, ou que nem o faz nem não o faz; e
4. As duas fundadas no corpo e na alma ("alma" e "natureza intrínseca" são, no caso, sinônimos): que o corpo e a alma são a mesma coisa ou que são diferentes.

Poder-se-ia indagar por que estas visões são chamadas "inexplicadas". Questionado por ascetas não-budistas sobre essas questões, o Tathagata entendeu que a premissa básica era a crença numa natureza intrínseca permanente. Percebendo, não só que seria incorreto aplicar os atributos de ser eterno ou não-eterno etc. a uma substância inexistente, como também que não serviria a nenhum propósito útil rejeitar a existência da natureza intrínseca, ele não deu resposta alguma. Por esta razão essas visões são chamadas "inexplicadas".

Uma explicação alternativa é a de que a "natureza intrínseca" é a personalidade atribuída aos agregados, e que o "mundo" são os cinco agregados propriamente ditos. Como ambos se originam de forma dependente, são desprovidos de existência própria e, portanto, não podem adquirir o status de ser eterno, não-eterno ou os demais. Como afirmam as escrituras:

> Aquilo que se origina de forma dependente
> É, em sua própria essência, paz.

Os objetos dessas visões não são, portanto, algo a ser explicado como eterno, não-eterno, impermanente, e assim por diante. O Buda não os declarou desprovidos de existência própria, ou seja, tendo origem dependente, porque não considerava os não-budistas recipientes dignos dos "significados mais profundos". É por todas estas razões que se diz que as visões são inexplicadas. Como está escrito na *Ratnāvalī*:

> Quando indagado se o mundo teria um fim,
> O Jina permaneceu calado, porque
> Não apresentaria o ensinamento profundo a
> Seres que não fossem recipientes dignos.
>
> Os sábios compreenderam que o Onisciente
> Era de tudo conhecedor.
>
> [cap. 1, est. 73-74]

Não se deve abrigar concepções como as que acabamos de apresentar porque apenas as coisas aptas a ser contempladas com adequação e com resultados benéficos merecem consideração. Como pressupõem algo inexistente, não podemos contemplar tais questões. Ao considerá-las, somos tomados pela "serpente" das concepções maléficas que faz com que o veneno das aflições mentais se dissemine; assim, a mente não encontrará paz alguma em sua contemplação.

Os versos seguintes indicam que o que deve ser contemplado é a originação dependente (*pratītyasamutpāda*), e que tal atitude tem o benefício de propiciar a obtenção da paz.

(109, 110, 111)

O Muni declarou que da ignorância surge o
Carma; dele, a consciência, e dela, o
Nome e a forma; destes, as seis
Faculdades, e delas, o contato.

Do contato surge a sensação; baseado na
Sensação ocorre o desejo. Do desejo
Origina-se o apego; deste, a existência, e
Da existência vem o nascimento.

Quando há nascimento, surgem aflição,
Doença, envelhecimento e pobreza, o medo da morte e
Assim por diante — uma massa enorme de sofrimento.
Ao cessar o nascimento, tudo isto cessará.

O Muni, o Bhagavan, declarou no sutra *Pratītyasamutpāda*:

Monges! Quando isto está presente, aquilo acontece. Porque isto surgiu, aquilo surge. É assim: através da influência da ignorância, os processos de composição (*saṃskāra*)[19] passam a existir; [...] através da influência do nascimento, passam a existir envelhecimento e morte, mágoa, gritos de angústia, sofrimento mental e toda ansiedade. Assim, esta massa enorme de sofrimento passa a existir.

O Buda fez outra declaração no mesmo sentido:

> Quando a ignorância cessar, os processos de composição cessarão [...] quando o nascimento cessar, envelhecimento e morte, mágoa, gritos de angústia, sofrimento mental e toda ansiedade terão fim.

Com referência aos elos da originação dependente, da ignorância (*avidyā*, a visão de que os agregados constituem uma "natureza intrínseca" ou a ela pertencem) surgem três tipos possíveis de carma (aqui denominados *saṃskāra*): mérito (*puṇya*), não-mérito (*apuṇya*) e invariável (*āniñjya*).[20] Deste carma surge a consciência (*vijñāna*), o receptáculo das tendências cármicas e o agente que renasce.

Da consciência surgem nome e forma (*nāma, rūpa*), cuja natureza, durante os primeiros estágios do desenvolvimento fetal, é a dos cinco agregados. "Nome" corresponde aos quatro agregados da sensação etc., ao passo que "forma" corresponde aos quatro elementos físicos que os acompanham bem como a seus produtos.[21] A partir do desenvolvimento de nome e forma, surgem as seis faculdades internas (*āyatana*) da visão, audição, olfato etc.

Destas seis faculdades surge o contato (*sparśa*), que resulta da convergência entre o objeto, as faculdades sensoriais e a consciência. Do contato surgem as sensações (*vedanā*) de prazer e dor; com base na sensação, aparece o desejo (*tṛṣṇā*) — o anseio intenso de adquirir prazer e livrar-se da dor.

Do desejo surge o apego (*upādāna*), uma intensificação do desejo que leva a pessoa a iniciar atos voltados a adquirir prazer e livrar-se da dor. Dele, surge a existência (*bhava*). É este o estágio em que são ativadas as propensões cármicas que causam o renascimento. Da existência origina-se o nascimento futuro (*jāti*).

Com o nascimento surgem a doença (um desequilíbrio na constituição fisiológica), o envelhecimento (*jarā*, a perda da vitalidade da juventude) e a morte (*maraṇa*, o término da força vital). Surge igualmente a mágoa — atormentando o corpo e a mente; uma falta total de coisas materiais como comida, roupas etc., bem como gritos de angústia e sofrimento mental. Estas coisas constituem a massa enorme de sofrimento que nem compõem uma natureza intrínseca nem a ela pertencem.

Da mesma forma, em ordem inversa, essa massa enorme de sofrimento terá toda ela seu fim, começando pela cessação dos processos de composição por meio da cessação da ignorância, e indo até a cessação do envelhecimento por meio da cessação do nascimento.

Se alguém quiser saber em que espaço de tempo estes doze elos atingem sua conclusão, o processo inteiro implica três vidas separadas, embora elas possam aparecer entremeadas com um número muito grande de outras vidas. Os elos de ignorância, processos de composição e consciência atingem sua conclusão na vida anterior, pois são a força que projetará o nascimento.

Os elos que vão desde nome e forma até sensação se completam na vida intermediária, pois são, por natureza, uma maturação. Visto que os três elos de desejo, apego e existência ocorrem por influência dessas maturações, também alcançam sua conclusão na vida intermediária.

O nascimento, junto com o envelhecimento e a morte, alcançam sua conclusão na vida posterior, porque o estágio final desta vida ocorre com o elo da existência — e o nascimento ocorre por sua influência. O envelhecimento e a morte, por sua vez, ocorrem por intermédio do nascimento.

Os dois primeiros nascimentos da descrição precedente não precisam ocorrer em sucessão imediata, visto ser possível que o nome e a forma da vida atual sejam projetados pela ignorância de cem *kalpas* atrás. Entretanto, quando se tratar de maturação de "carma a ser experimentado no próximo nascimento" (*upapadya vedanīya*), essas duas vidas irão, de fato, ocorrer em sucessão imediata.

Os dois últimos nascimentos sempre ocorrem em seqüência porque o nascimento, o envelhecimento e a morte de uma pessoa em sua próxima vida, sempre se originam por influência do estágio de existência da vida atual.

Assim, o nascimento da vida presente, junto com o envelhecimento e a morte, não pertencem ao mesmo ciclo de originação dependente que o nome e a forma etc. da vida presente, dado que não se originam por influência do desejo e apego da vida presente. O que, então, se passa?

Eles pertencem ao mesmo ciclo de originação dependente que o nome e a forma etc. da vida anterior; pois o nascimento, o envelhecimento e a morte da vida atual surgem por influência do desejo, apego e existência da vida precedente.

Portanto, para todas as pessoas comuns (*pṛthagjana*) os doze elos da originação dependente estão presentes na vida atual; todavia, eles integram uma combinação de elos que pertence a três ciclos diferentes de originação dependente. Ou seja, o nascimento atual, bem como o envelhecimento e a morte, estão ligados à originação dependente de uma vida passada. A ignorância, processos de composição e consciência desta vida estão ligados a uma originação dependente posterior, visto que constituem a força que se projeta para vidas futuras. Finalmente, os sete elos atuais, indo desde nome e forma até existência, pertencem à originação dependente desta vida.

Da mesma forma, os doze elos de originação dependente presentes na vida atual de uma pessoa lhe possibilitam compreender a natureza de suas vidas passadas e futuras. Especificamente, os elos que vão desde nome e forma até sensação são resultados projetados a partir de vidas pregressas; ao passo que o nascimento, junto com o envelhecimento e a morte, são resultados a serem alcançados na próxima vida. A partir disto, podemos inferir a existência de vidas passadas.

Os três elos de ignorância, processos de composição e consciência, são as causas que projetam (*ākṣepaka*) a vida futura, ao passo que os três elos de desejo, apego e existência, são as causas que a produzem (*abhinirvartaka*). Portanto, podemos inferir a existência de vidas futuras.

Os doze elos da originação dependente que ocorrem em vidas passadas e futuras devem ser vistos como tendo o mesmo tipo de relações de causa e efeito que os doze elos desta vida.[22] Assim, chegamos ao entendimento de como os doze elos da existência giram continuamente, sem começo nem fim, como uma brasa em rodopio. Como o próprio Ācārya afirmou (na *Pratītyasamutpādahṛdayakārikā*):

Dois se originam de três,
Sete de dois, e de sete igualmente
Vêm três — assim a roda da existência
Gira sem cessar.

[est. 3]

Os versos seguintes ilustram que, através da contemplação da originação dependente, com os atributos que foram explicados, enxergaremos a verdadeira natureza dos darmas (isto é, *tattva*).

(112)

Esta Originação Dependente é o tesouro
Mais prezado e profundo da Fala do Jina.
Aquele que é capaz de ver isto vê o Buda —
O Conhecedor Supremo da Realidade.

Portanto, a originação dependente é a mais prezada de toda a Fala do Jina porque constitui o significado essencial de toda a Palavra Sagrada. É profunda no sentido de que é difícil de ser compreendida pelos outros, e é livre dos quatro extremos.[23]

Todo aquele que chega a uma correta compreensão da originação dependente vê o Buda — o Conhecedor Supremo da Realidade; pois o Buda consiste no Dharmakāya,[24] cuja natureza não difere da originação dependente. Como afirma o sutra *Śālistamba*:

Aquele que conhece a Originação Dependente conhece o Darma;
Aquele que conhece o Darma conhece o Tathagata.

Os versos seguintes demonstram que aquele que possuir uma compreensão plena da originação dependente fará nascer o Caminho centrado nas Quatro Verdades *Ārya*.

O Caminho Óctuplo do *Ārya*

(113)

Visão Correta, Meio de Vida, Esforço, Lembrança,
Samádi, Fala, Atividade e Conceitualização Corretos são
Os Oito Esteios do Caminho. Meditai sobre eles,
A fim de atingir a Paz.

Em razão da métrica, os elos do Caminho são enumerados fora de ordem. A ordem certa é a seguinte:

1. Visão Correta (*saṃyag-dṛṣṭi*) é a sabedoria que realiza um exame completo do objeto a ser entendido no caminho da visão.
2. Conceitualização Correta (*saṃyak-saṃkalpa*) é a conceitualização que dá origem à fala que indica aos outros o que a pessoa entendeu.
3. Fala Correta (*saṃyag-vāc*) é a expressão verbal verdadeira e exata, gerada pela Conceitualização Correta.
4. Atividade Correta (*saṃyak-karmānta*) é a expressão física e verbal da pessoa que se abstém de malfeitos.
5. Meio de Vida Correto (*saṃyak-ājīva*) é o modo de subsistência — através da alimentação, roupas etc. — que se coaduna com o Darma.
6. Empenho Correto (*saṃyag-vyāyāma*) é o esforço aplicado à meditação sobre o caminho.
7. Lembrança Correta (*saṃyak-smṛti*) é o não-esquecimento, por parte da pessoa, dos aspectos do caminho que são objeto de sua atenção.
8. Samádi Correto (*saṃyak-samādhi*) é permanecer firmado, unidirecionalmente, nestes objetos.[25]

Estes oito fatores que aparecem durante o caminho da meditação (*bhāvanā mārga*),[26] são chamados os "Oito Esteios do Caminho" porque são componentes e elementos do Caminho do *Ārya*.

Destes oito, a visão correta é o esteio da "determinação", pois ele determina a verdadeira natureza das coisas, *tattva*, tal como foi vivenciada durante o estado de serenização. Por dar origem a palavras que tomam por base o entendimento que a própria pessoa alcançou, a conceitualização correta é o esteio que "proporciona compreensão" aos outros.

Atividade correta, meio de vida correto e fala correta, são os esteios que "incutem respeito aos outros". Destes, a fala correta — através de um diálogo com perguntas e respostas — conduz os outros à compreensão de que a visão do iogue é absolutamente pura. A atividade correta — conduta apropriada ao ir, vir etc. — conduz os outros à compreensão de que a moralidade do iogue é absolutamente pura. Pelo fato de o praticante buscar roupas e demais coisas de maneira honesta, o modo de vida correto leva os outros a respeitar aquele modo de vida como absolutamente puro.

O empenho correto é o esteio que purifica as obstruções das aflições mentais, pois é através da geração de esforço que nos esquivamos das amarras que ainda permanecem conosco (*saṃyojana*). A lembrança é o esteio que purifica os obscurecimentos das aflições mentais secundárias (*upakleśa*)[27] porque, quando não esquecemos as características do *śamathā* correto etc., impedimos o surgimento das aflições mentais secundárias de "obscurecimento" (*laya*) e "excitação" (*auddhatya*) mentais. Samádi é o esteio que purifica a trilha das virtudes extraordinárias, porque leva à realização da sabedoria supranormal (*abhijña*).[28]

Estes oito esteios são descritos no *Madhyāntavibhāga* da seguinte forma:

> Aquilo que determina, aquilo que proporciona entendimento,
> Três que incutem respeito nos outros, e
> (Três) antídotos contra as adversidades:
> Estes são os Oito Esteios do Caminho.
>
> [cap. 4, est. 10]

Devemos, portanto, meditar sobre os oito, a fim de alcançarmos paz, ou nirvana.

Os próximos versos ilustram que os objetos de meditação sobre a Verdade do Caminho são as Quatro Verdades *Ārya*.

As Quatro Verdades *Ārya*
(114)

> Tudo o que emerge é sofrimento: na ânsia do desejo
> Está sua vasta origem.
> Sua cessação é liberação — o caminho para
> Conseguir isto é o Caminho Óctuplo do *Ārya*.

O emergir dos cinco agregados que agarram é sofrimento (*duḥkha*). Como afirma um sutra: "...em suma, os cinco agregados que agarram são sofrimento". O desejo, o apego aos agregados impuros, é a origem (*samudaya*) deste sofrimento. Um outro sutra afirma:

> Qual é a Verdade *Ārya* da origem do sofrimento? É a ânsia do desejo que sempre reaparece — um apego com o qual a pessoa se compraz, bem como uma atitude que busca prazer: ora aqui, ora ali.

Esse desejo é chamado "vasto" por ser causa de todos os nascimentos que levam à existência.

A cessação total desse sofrimento e de sua origem é a verdade da cessação (*nirodha satya*) que é, em si, liberação. O caminho para alcançá-la é o Caminho *Ārya* dos oito esteios há pouco descritos; pois estes esteios atrelam-nos ao caminho que leva à realização do nirvana.

(115, dois primeiros versos)

Em sendo assim, empenhai-vos, sempre
A fim de ver as Quatro Verdades *Ārya*.

Estas Quatro Verdades *Ārya* são aquilo que deve ser "compreendido", "evitado", "manifestado" e "em que se deve confiar". Por serem as Quatro Verdades tais como o são, devemos sempre nos aplicar à meditação, de modo a enxergar a realidade através destas Quatro Verdades *Ārya*.

Dado que, num sentido relativo, estas Quatro Verdades existem como *Ārya* ("nobres"), são assim designadas da mesma forma que um termo preciso, por exemplo, pode ser denominado termo "nobre" (*ārya*). Outra explicação é a de que são verdades "*ārya*" porque sua exatidão foi enxergada pelos *āryas*.

Como é que nós leigos, ocupados com o governo do reino, podemos enxergar a verdade? Como enxergar a verdade é algo que depende do esforço de cada indivíduo, não devemos nos deixar desencorajar.

Algumas Palavras de Encorajamento

(115, dois últimos versos)

Mesmo aqueles pais de família sobre cujo regaço repousam
grandes riquezas mundanas
Podem, por meio do conhecimento, cruzar o rio das aflições
mentais.

Mesmo homens leigos como o Rei Bimbisāra, sobre cujo regaço repousavam as riquezas de um reino (bem como as riquezas de um filho etc.), viram a verdade e cruzaram o rio das aflições mentais por meio do conhecimento correto. Vós, ó Rei, deveis fazer o mesmo.

Os versos seguintes demonstram que o Caminho *Ārya* é alcançado através dos próprios esforços de cada indivíduo.

(116)

Ademais, aqueles que ganharam compreensão do Darma
Não caíram do céu nem brotaram do chão como plantas.
Eles eram, anteriormente, apenas
Pessoas comuns, sujeitas às aflições mentais.

Apesar de muitos *āryas* — aqueles que perceberam as Quatro Verdades diretamente — terem aparecido, nenhum deles assim o foi desde o início. Eles não caíram do céu nem surgiram do chão como plantas, mas foram, outrora, pessoas comuns dominadas pelas aflições mentais. Mais tarde, com ajuda de um mestre espiritual, foram capazes de seguir o caminho e tornarem-se *āryas*. Assim, também precisais exercer-vos, não vos deixando desencorajar ao perseguir o caminho.

(117)

Que necessidade há de se pregar tanto ao destemido?
Subjugai vossa mente — esta é a mais útil e
Essencial das instruções. O Bhagavan
Declarou que a mente é a raiz do Darma.

O Rei, isento da preocupação de que os outros possam se opor a ele, é tratado por "destemido". Que necessidade há, então, de se pregar extensamente? De fato, é desnecessário. A primeira e mais essencial das instruções, benéfica tanto em sentido temporário quanto último, é esta: "Subjugai a mente", afastando-a da não-virtude e engajando-a na virtude. Dessa forma, todos os atos do corpo, da fala e da mente tornar-se-ão virtuosos.

O Bhagavan declarou que: "O mundo é produzido pela mente — passa a existir em função da mente. Todas as coisas seguem-se a partir da influência de uma única coisa, isto é, a mente". Ademais: "O bem está no subjugar a mente. Subjugar a mente traz felicidade".

Os versos seguintes indicam que nos atemos adequadamente ao Ensinamento do Buda não só por meio da prática de tudo aquilo que aqui foi explicado, mas que realizar parte da instrução já é significativo.

(118)

Levar a cabo todo o ensinamento aqui oferecido seria
Difícil, mesmo para um monge. Conferi
Sentido à vossa vida desenvolvendo as boas qualidades
Da instrução que praticardes, seja ela qual for.

"Ó Rei", praticar em sua totalidade toda a instrução dada por estas palavras seria de fato difícil, mesmo para um monge que se dedicasse exclusivamente a atividades virtuosas. Desnecessário dizer que um leigo, desviado por muitas responsabilidades, encontraria dificuldade maior.

Não obstante, qualquer uma entre estas instruções que tornardes a essência de vossa prática, trará significado a vossa vida, habituando-vos à abstenção da não-virtude e ao cultivo da virtude. Assim procedendo, ater-vos-eis ao Ensinamento do Buda e, gradualmente, passareis a adquirir, também, todas as demais virtudes.

Capítulo 6

Prosseguimento no caminho Mahayana
juntamente com seu resultado

Este capítulo consta, também, de duas seções. A primeira trata das atividades do caminho. Depois de satisfazer a mente do ouvinte com a apresentação do Darma nos capítulos precedentes, os versos que se seguem são enunciados com a intenção de introduzi-lo no caminho Mahayana.

1. Atividades do Caminho

(119, 120, 121)

Regozijai-vos com toda a virtude de todos os seres e
Dedicai vossos próprios bons feitos das três vertentes
À obtenção do Estado de Buda;
Então, com esse acúmulo de virtudes

Tornai-vos mestre em ioga em todos os mundos de
Deuses e homens, por um número incomensurável de
Nascimentos, e protegei muitos seres indefesos com
Atividades semelhantes àquelas do Ārya Avalokiteśvara.

Em um nascimento derradeiro, debelai doença, velhice,
Desejo e ódio. Então, em um campo búdico, tal como
O fez o Senhor Amitābha, tornai-vos Guardião do
Mundo, com uma vida de infinita duração.

Regozijai-vos pronunciando as seguintes palavras: "Da mesma forma que os Budas e *bodhisattvas* se regozijam com todas as virtudes — tanto as impuras dos seres comuns quanto as puras dos *āryas* — também me regozijo". Dedicai também vossos três tipos de bons feitos — do corpo, da fala e da mente — à obtenção do Estado de Buda, dizendo: "Por estas virtudes, possa eu me tornar guardião dos seres desprovidos de guardião — salvador daqueles que não têm salvador".

Os versos, a seguir, recomendam que, com a provisão da virtude amealhada com o regozijo e a dedicação, tratemos de "gerar uma vida de duração infinita, permanecendo como 'Guardiães do Mundo' até que o samsara seja esgotado".

O que devemos fazer para que isto venha a acontecer? Isto acontecerá depois de havermos consumado as qualidades do Buda, e conduzido os seres sencientes à maturidade. A primeira destas duas atividades é realizada da seguinte maneira. Durante o período em que a pessoa está prosseguindo no caminho, ela renasce nos mundos dos deuses e homens, por um número incomensurável de vidas, e dedica-se a aperfeiçoar as iogas do *dhāraṇī*,[1] samádi etc., que possuem qualidades inconcebivelmente vastas.

Com relação à segunda prática de conduzir os seres sencientes à maturidade, a pessoa deve proteger muitos seres indefesos com atividades comparáveis àquelas do Ārya Avalokiteśvara, que salvou tais seres de ameaças de leões, elefantes e outros animais. Por meio disto, concluem-se as acumulações de virtude e sabedoria. A seguir, ao renascer em sua existência derradeira, a pessoa deve se livrar das doenças e da velhice (abrangidas pela verdade do sofrimento), bem como do desejo, ódio etc. (abrangidos pela verdade da origem).

Onde fazer isto? Em um Campo Búdico purificado por meio das provisões de virtude da pessoa. Como se faz? A pessoa tem que adquirir campo, séquito,[2] duração de vida etc., da mesma forma que o Bhagavan Amitābha,[3] que alcançou o Estado de Buda no Campo Búdico de Sukhāvatī.[4]

Os versos seguintes ilustram que, após alcançar o Estado de Buda e agir com propriedade em prol dos seres sensíveis, a pessoa deve atingir o nirvana.

2. O Resultado do Caminho

(122, 123)

Havendo alcançado o Estágio da Vitória — que pacifica
Os humanos da terra e os divinos jovens celestiais
  que se deliciam
Com os prazeres dos sentidos, e extingue medo,
  nascimento e morte
Para miríades de indefesos seres aflitos —

Espalhai a fama da sabedoria, moralidade
  e generosidade imaculadas
Por todas as regiões celestiais, pelo espaço e sobre
  a face da terra.
Por fim, alcançai o estado transcendente: de existência
  apenas nominal,
Paz, destemor, não-conspurcado e perfeito.

Após alcançar o Estágio da Vitória, atingi o estado de nirvana, que é transcendente, no sentido de que os agregados impuros cessam por completo. Este nirvana possui "existência apenas nominal" porque não é real; é "paz" porque isento de mal; e "destemor" porque isento de medo. É "não-conspurcado" porque é livre de impureza, e "perfeito" porque não está sujeito a mudança.

Que espécie de Estágio da Vitória precisa ser alcançado para conseguir isso? O nirvana é atingido depois de termos alcançado o Estágio da Vitória que desencoraja os insensatos que se deliciam com as alegrias dos prazeres sensoriais, sejam eles humanos habitantes da terra ou jovens exaltados que constituem as seis categorias de deuses do mundo dos desejos, e, então, os pacifica, estabelecendo-os nas preliminares do Caminho do *Ārya* — moralidade etc. — e no Caminho do *Ārya* em si. É, igualmente, o estágio que extingue medo (derivado, basicamente, da visão perecível[5]), nascimento (derivado, basicamente, de ignorância, carma e desejo) e morte (produzida pela exaustão do carma e do período de duração da vida, bem como pelo fato de não se ter abandonado a raiva) para miríades de seres sencientes, torturados pelas aflições mentais e atormentados pelo sofrimento.

Poder-se-ia indagar o que deve ser feito antes (de se ingressar no nirvana). (Devemos ingressar no nirvana) após termos disseminado a fama da sabedoria perfeita, que discerne, de forma absoluta, a verdadeira condição da realidade; da moralidade perfeita, que possui as qualidades de ser incorrupta e outras semelhantes; e da liberalidade perfeita, que é isenta de apego por todas as coisas — por todos os mundos dos reinos divinos, dos espaços dos céus e dos humanos sobre a terra.

Este lótus de bons ditos, proveniente do rico manancial de
escrituras guardado pelos *nāgas*, é fonte do mel da virtude.
Deve ser descerrado pelos raios de sol do intelecto e desfrutado
por uma coletividade de pessoas afortunadas,
semelhantes às abelhas.

Enquanto a Boa Palavra da fala do Muni e
os ditos das grandes pessoas forem proclamados
neste mundo,
Este reino terá um verdadeiro guardião e permanecerá belo,
com a luz do sol a brilhar no céu imaculado.

Porém, à medida que aumentam as forças do Arqueiro das Flores
— destruidor da virtude —, e o ensinamento do Muni se torna
obscuro como o ocaso da vida de uma pessoa,
E as multidões se desgarram do Caminho de Paz do Darma,
aqueles que almejam a virtude devem se fiar, com a mente
unidirecionada, no caminho da virtude.

Possa a virtude pura adquirida com o empenho desta minha
atividade, alva como o pólen da *kumuda* e do lótus,
tornar os seres aptos a cruzar o rio das visões errôneas e alcançar
a terra da liberação.

Isto conclui *O Significado Elucidado* (*Sphutārtha*),[6] um comentário à *Suhṛllekha* do grande Ārya Nagarjuna, composto no grande Monastério Śākya por mim, Bhikṣu Śākya gZhon-nu blo-gros, por solicitação do grande e culto Mestre do Tripiṭaka Upādhyāya rGyal-ba dpal, e em atenção a pedidos de meus discípulos, gTzo-mdo-ba kun-dga' bzang-po e outros.

NOTAS E
ESQUEMA DO TEXTO

BIOGRAFIA DO ĀCĀRYA NAGARJUNA

1. Tibetano, dBu-ma.
2. Conforme versos à guisa de prefácio do comentário do Venerável Rendawa.
3. Tib., sPyan-ras gzigs.
4. Tib., *zhal-ta-ba.*
5. Tib., *dge-slong.*
6. Tib., *rkang-mgyogs-kyi dngos-grub:* arte sobrenatural que possibilita à pessoa viajar sem esforço, a velocidade extraordinária.
7. Tib., *gser-'gyur-gyi rtzi.*
8. Tib., *dge-sbyong.*
9. Tib., *klu.*
10. Tib., *shes-rab-kyi pha-rol-tu phyin-pa.*
11. i.e., tib., "rTag-tu ngu'i le'u" e "Chos-'phags-kyi le'u".
12. Tib., *kun-dga' rva-ba.*
13. Tib., dPal-gyi ri.
14. Tib., *ring-bsrel.*
15. Vide versos 108-112 do texto do comentário.
16. Tib., *gtam-gyi tsogs.*
17. Tib., *bstod-pa'i tsogs.*
18. Tib., *rigs-pa'i tsogs.*

O SIGNIFICADO ELUCIDADO (*SPHUTĀRTHA*)

VERSOS À GUISA DE PREFÁCIO

1. Tib., rGyal-ba: "Vitorioso", um epíteto do Buda.
2. Tib., Thub-pa'i dbang-po: "Senhor dos Sábios", também um epíteto do Buda.
3. Sânscrito, Śaśadhara: epíteto da lua.

4. Vide verso 27.
5. Tib., *mngon-mtho*; sâns., *abhyudaya*: termo correntemente empregado para denotar nascimento como homem, semideus ou deus — meta de curto prazo a que se almeja.
6. Tib., *nges-legs;* sâns., *niḥśreyasa*: termo corrente que denota o Nirvana ou Estado Búdico, i.e., a meta mais elevada.

RECOMENDAÇÃO PARA OUVIR

1. Tib., bDe-bar gshegs-pa: "aquele que foi bem-sucedido", epíteto do Buda.
2. Tib., *thar-pa*; sâns., *mokṣa*: sinônimo de nirvana.
3. Tib., Thub-pa.
4. Tib., *sgo-gsum*: as três portas da ação: corpo, fala e mente.

A INSTRUÇÃO EM SI

Capítulo 1. Recomendações gerais tanto para pais de família quanto para aqueles que deixaram a vida em família

1. Tib., De-bzhin gshegs-pa.
2. Tib., dGra-bcom-pa.
3. Tib. Yang-dag-par rdzogs-pa'i sangs-rgyas; sâns. Saṃyak Sambuddha.
4. Tib., *de-bzhin nyid*; sâns., *tathātā*: significa "a verdadeira natureza da realidade".
5. Tib., *bstan-pa'i chos:* refere-se à palavra do Buda e a seus comentários.
6. Tib., *rtogs-pa'i chos:* refere-se aos três treinamentos, os cinco caminhos e à verdade da cessação.
7. Tib., *ye-shes.*
8. Vide verso 7.
9. Tib., respectivamente, *rgyal-chen ris bzhi; sum-cu-rtza-gsum; gzhan-'phrul dbang-byed.*

10. Tib., *bsod-nams:* sinônimo de "feito virtuoso" ou "carma positivo".
11. Tib., *dge-ba'i las-lam.*
12. Tib., *bde-'gro:* sinônimo de *mngon-mtho* (vide "Versos à Guisa de Prefácio", nota 5).
13. Tib., *las-lam yongs-su rdzogs-pa:* ato em que todos os elos mencionados ocorrem de forma infalível.
14. Tib., *bsam-pa.*
15. Tib., *sbyor-ba.*
16. Tib., *dngos-gzhi.*
17. Tib., *gzhi.*
18. Tib., *'du-shes.*
19. Tib., *srog gcod-pa.*
20. Tib., *ma-byim-par len-pa.*
21. Tib., *log-par g,yem-pa.*
22. Tib., (*b*) *rdzun-du smra-ba.*
23. Tib., *phra-ma.*
24. Tib., *ngag-rtzub.*
25. Tib., *tshig-'khyal.*
26. Tib., *brnab-sems.*
27. Tib., *gnod-sems.*
28. Tib., *log-par lta-ba.*
29. Tib., *bcas-pa'i kha-na-ma-tho-ba.*
30. Tib., *bag-med.*
31. Tib., *yon-tan-gyi zhing.*
32. Tib., *sdug-bsngal-gyi zhing.*
33. Tib., *phan-'dogs-pa'i zhing.*
34. Tib., *ngan-'gro:* nascimento como criatura dos infernos, fantasma faminto ou animal.
35. Tib., *zhi-ba:* sinônimo de nirvana.
36. Tib., *mi-sdug-pa.*
37. Tib., *rnam-par grol-ba:* outro sinônimo de nirvana.

38. Tib., *pha-rol-tu phyin-pa drug.*
39. Tib., rGyal-ba'i dbang-po: sinônimo de Buda.
40. Tib., *sbyin-pa.*
41. Tib., *tsul-khrims.*
42. Tib., *bzod-pa.*
43. Tib., *brtzon-'grus.*
44. Tib., *bsam-gtan.*
45. Tib., *shes-rab.*
46. Tib., *byang-chub-kyi sems:* o desejo de atingir a perfeita iluminação para benefício de todos os seres sensíveis.
47. Tib., *'khor-gsum mi-rtog-pa:* no caso da liberalidade, são: aquele que recebe, o objeto dado e o ato de dar.
48. Tib., *bsod-nams-kyi tsogs.*
49. Tib., *gzhan-don phun-tsogs:* refere-se à atividade do Buda de desvencilhar os seres do samsara.
50. Tib., *ye-shes-kyi tsogs.*
51. Tib., *chos-kyi sku.*
52. Tib., *rang-don phun-tsogs:* refere-se à condição de ter-se eliminado todas as falhas, e compreendido tudo o que há para ser conhecido.

Capítulo 2. Instrução dirigida principalmente a pais de família

1. Tib., *bsnyen-gnas.*
2. Tib., *gso-sbyong.*
3. Tib., *'dod-pa'i khams.*
4. Tib., *so-sor thar-pa'i sdom-pa.*
5. Tib., *dge-tsut.*
6. Tib., *ser-sna.*
7. Tib., *g,yo.*
8. Tib., *sgyu.*

9. Tib., *chags-pa.*
10. Tib., *snyom-las.*
11. Tib., *mngon-pa'i nga-rgya.*
12. Tib., *'dod-chags.*
13. Tib., *zhe-sdang.*
14. Tib., *rgyags-pa.*
15. Tib., *bag-yod.*
16. Tib., *bag-med.*
17. Tib., *dge-ba'i bshes-gnyen:* vide verso 62 e seu comentário.
18. O verso, na realidade, diz "mThong-ldan", cujo equivalente em sânscrito não é seguramente conhecido. Provavelmente escolhido por razões métricas, este nome menos familiar é identificado em todos os comentários como um epíteto do eminente Ajātaśatra (tib., Ma-skyes dgra).
19. Tib., *dge-bsnyen.*
20. Tib., *mtsams-med lnga:* os cinco pecados imediatos, compreendendo (1) matricídio, (2) assassinato de um *arhat*, (3) parricídio, (4) provocar cisma na roda da *saṇgha* e (5) ferir um Tathagata, em má fé.
21. Tib., *rgyun-zhugs.*
22. Tib., *'khon-'dzin.*
23. Tib., rGyal-ba'i dbang-po.
24. Tib., *dngos-po.*
25. Tib., *gzugs.*
26. Tib., *de kho-na nyid.*
27. Tib., *rten-cing 'brel-bar 'byung-ba*; sâns., *pratītya samutpāda*: originação dependente. Cf. versos 109-112.
28. Tib., *bdag.*
29. Tib., *gtzo-bo:* natureza não-evoluída.
30. Tib., *byis-pa.*
31. Tib., respectivamente, *gang-zag-gi bdag-med* e *chos-kyi bdag-med.*
32. Tib., *stong-pa nyid.*

33. Tib., *bdag-med*: ausência de natureza intrínseca.
34. i.e., o Buda.
35. Tib., *shes-rab-kyi pha-rol-tu phyin-pa.*
36. Tib., *skyes-bu dam-pa.*
37. Tib., *'phags-pa.*
38. Tib., *'jig-rten chos brgyad.*
39. Tib., *rnam-par smin-pa'i 'bras-bu.*
40. Tib., *las.*
41. Tib., *mthong-ba'i chos-la myong-bar 'gyur-ba.*
42. Tib., *skyes-nas myong-bar 'gyur-ba.*
43. Tib., *lan-grangs gzhan-la myong-bar 'gyur-ba.*
44. Tib., *skyes-rabs.*
45. Vide nota 20 deste Capítulo.
46. Tib., gShin-rje: o Senhor da Morte.
47. Tib., *dad-pa.*
48. i.e., as Quatro Verdades *Ārya:* vide verso 114.
49. Tib., *dKon-mchog.*
50. Tib., *tsul-khrims.*
51. Tib., *gtong-ba.*
52. Tib., *thos-pa.*
53. Tib., *ngo-tsa shes-pa.*
54. Tib., *khrel yod-pa.*
55. Tib., *shes-rab.*
56. Tib., *chog shes-pa.*

Capítulo 3. Instrução tanto para pais de família quanto para aqueles que deixaram a vida em família, sobre o cultivo dos estados elevados e da suprema beatitude

1. Tib., *ting-nge-'dzin.*
2. Tib., *mi-nyal-bar brtzon-pa.*

3. Tib., *dran-pa.*
4. Tib., *shes-bzhin*
5. Tib., *bsam-gtan*: vide verso 41.
6. Tib., *tsad-med bzhi.*
7. Tib., *byams-pa.*
8. Tib., *snying-rje.*
9. Tib., *dga'-ba.*
10. Tib., *btang-snyoms.*
11. Tib., respectivamente, *sems-can-la dmigs-pa, chos-la dmigs-pa* e *dmigs-pa med-pa.*
12. Tib., *phung-po:* os cinco são forma (sâns., *rūpa*, tib., *gzugs*), sensação (*vedanā, tsor-ba*), conceitualização (*samjñā, 'du-shes*), fatores de composição *(saṃskāra, 'du-byed*) e consciência (*vijñāna, rnam-shes*).
13. Tib., *gang-zag gi bdag-med.*
14. Tib., *chos-kyi bdag-med.*
15. Tib., *so-so skye-bo.*
16. A escola Madhyamika Svātantrika (dBu-ma rang-rgyud-pa).
17. Tib., Nyan-thos e Rang sangs-rgyas.
18. A escola Madhyamika Prāsaṅgika (dBu-ma thal-'gyur-ba).
19. Tib., *dga'-ba.*
20. Tib., *bde-ba.*
21. Tib., *rtog-pa.*
22. Tib., *dpyod-pa.*
23. Tib., *nang rab-tu dang-ba.*
24. Tib., *btang-snyoms*: estado mental diferente da sensação que leva o mesmo nome, e definido como um estado equilibrado, isento de "obscurecimento" (tib., *bying-ba*) e "excitação" (tib., *rgod-pa*) mentais.
25. Tib., *rgyu snyoms-'jug.*
26. Tib., respectivamente, Tsangs-ris, Tsangs-pa'i mdun-na 'don e Tsangs-pa chen-po.

27. Tib., respectivameante, dGe-chung, Tsad-med dge e dGe-rgyas.
28. Tib., respectivamente, *sbyor-ba, bsam-pa, gnyen-po* e *gzhi.*
29. Tib., *phan-'dogs-pa'i gzhi.*
30. Tib., *yon-tan gtzo-ldan-gyi gzhi.*
31. Tib., *'gog-pa'i snyoms-'jug.*
32. Tib., *rgod-pa.*
33. Tib., *'gyod-pa.*
34. Tib., *gnod-sems.*
35. Tib., *rmugs-pa.*
36. Tib., *'dod-pa-la 'dun-pa.*
37. Tib., *the-tsom.*
38. Tib., *sgrib-pa.*
39. Tib., *bslab-pa gsum:* vide versos 52, 53.
40. Tib., *zhi-gnas:* o "estado tranqüilo".
41. Tib., *lhag-pa'i tsul-khrims.*
42. Tib., *lhag-pa'i sems.*
43. Tib., *lhag-pa'i shes-rab.*
44. Tib., *lhag-mthong*: *vipaśyanā* (insight), vide verso 107.
45. Tib., *brtzon-'grus.*
46. Tib., *chos-mchog.*
47. Tib., *sbyor-lam.*
48. Tib., *stobs.*
49. Tib., *dbang-po.*
50. Tib., *rtze-mo.*
51. Tib., *yang-dag-pa'i lta-ba.*
52. Tib., *dbang-po.*
53. Tib., *kun-rdzob:* literalmente, "aquilo que recobre com véu ou obscurece".
54. Tib., *don dam-pa*: literalmente, "aquilo que possui o mais elevado significado".
55. Tib., *log-pa'i lta-ba.*

56. Tib., *dran-pa nye-bar bzhag-pa.*
57. Tib., *phyin-ci-log bzhi.*
58. Tib., *rdzas-su yod-pa.*
59. Tib., *bdag-tu lta-ba.*
60. Tib., *tsor-ba*: vide nota 12 deste capítulo.
61. Tib., *'jig-tsogs-la lta-ba.*
62. Tib., *rgyu.*
63. Tib., *rkyen.*
64. Tib., Grangs-can.
65. Tib., *rang-bzhin.*
66. Tib., *respectivamente, rdul*: explicado como tendo, por natureza, mobilidade e iniciativa; *mun-pa*: como sendo, por natureza, pesado e obscuro; e *snying-stobs*: como tendo, por natureza, leveza e claridade.
67. Tib., *ngo-bo nyid.*
68. Tib., Rigs-pa can.
69. Tib., dBang-phyug.
70. Tib., *'dod-pa.*
71. Tib., *tsul-khrims-dang brtul-bzhugs mchog-'dzin.*
72. Cf. verso 49.
73 Tib., *nye-bar len-pa*: vide verso 58.
74. Tib., *kun-tu sbyor-ba*: força que nos prende ao samsara.
75. Vide versos 10, 11.
76. Vide nota 41 deste capítulo
77. Tib., *spong-ba bdun*: três pertencentes ao corpo e quatro à fala.
78. Vide nota 42 deste capítulo.
79. Vide nota 43 deste capítulo.
80. Tib., respectivamente, *pham-pa bzhi, lhag-ma bcu-gsum, spang-ltung sum-cu, 'ba'-zhig-pa dgu-cu, sor-bshags bzhi* e *nyes-byas brgya-rtza-bcu-gnyis.*
81. Tib., *lus-su gtogs-pa'i dran-pa.*

82. Tib., Lhun-po.
83. Tib., mTso ma-dros-pa.
84. Tib., *nye-bar len-pa'i phung-po lnga*: os cinco componentes psicofísicos do ser; vide nota 12 deste capítulo.
85. Tib., *'khor-lo chen-po bzhi.*
86. Tib., *tsangs-par spyod-pa.*
87. Tib., *dge-ba'i bshes-gnyen.*
88. Tib., *dge-ba'i grogs-po.*
89. Vide versos 52, 53.
90. Tib., *sde-snod gsum.*
91. Tib., *yi-dvags*: vide versos 91-97.
92. Tib., *'du-shes med-pa.*

Capítulo 4. Apresentação breve e por extenso

1. Tib., *thar-pa don-du gnyer-ba'i blo.*
2. Tib., *nges-pa med-pa.*
3. Tib., *ngoms mi shes-pa.*
4. Tib., *byis-pa.*
5. Tib., *thar-pa'i cha-mthun.*
6. Tib., *nying-mtsams sbyor-ba*: "concepção", referindo-se ao momento em que o continuum da consciência entra no útero.
7. Tib., *mtho-dman-du 'gyur-ba.*
8. Tib., *'khor-los sgyur-ba'i rgyal-po.*
9. Tib., *rin-chen sna-bdun*: vide comentário ao verso 106.
10. Tib., *bsDus-'joms.*
11. Tib., *rin-po-che sna bzhi*: cristal, safira, rubi e ouro.
12. Tib., *chu yan-lag brgyad-dang ldan-pa*: água dotada das qualidades de ser fresca, deliciosa, leve, suave, límpida, livre de qualquer mau cheiro, não sendo prejudicial nem à garganta nem ao estômago.

13. Tib., 'Thab-bral.
14. Tib., mNar-med: o "Inferno de Tortura Ininterrupta" – vide verso 77.
15. Tib., Nyi-tse-wa'i dmyal-ba.
16. Tib., Yang-sos.
17. Tib., Thig-nag.
18. Tib., bsDus-'joms.
19. Tib., Ngu-'bod.
20. Tib., Ngu-'bod chen-po: i.e., o "Grande Inferno Raurava".
21. Tib., Tsa-ba.
22. Tib., Rab-tu tsa-ba.
23. Vide nota 14 deste capítulo.
24. Tib., Nye-'khor-ba.
25. Tib., Me-mur.
26. Tib., Ro-myags 'dam.
27. Tib., sPu-gri gtams-pa'i lam.
28. Tib., Nags-tsal ral-gri lo-ma can.
29. Tib., lCags-kyi shing shal-ma-li'i tsal.
30. Tib., Chu-bo rabs-med.
31. Tib., Chu-bur can.
32. Tib., Chu-bur rdol.
33. Tib., respectivamente, So tham-tham-pa, Kyi-hud e Ah-chu.
34. Tib., Gro-bzhin skyes.
35. Tib., *nges-'byed cha-mthun*.
36. Tib., Shing-rta sna-tsogs-kyi tsal.
37. Tib., *lha ma-yin*: "semideuses", seres sobre-humanos desprovidos do esplendor dos deuses e em constante conflito com eles.
38. Tib., *'phen-byed-kyi las*: carma "que se projeta".
39. Tib., *rdzogs-byed-kyi las*: carma "que se consome".
40. Tib., *nye-du'i gnod-pa*.

Capítulo 5. Aquilo que é comum a todos os veículos

1. Tib., (*zag-bcas-kyi phung-po*) *lhag-ma med-pa.*
2. Tib., (*zag-bcas-kyi phung-po*) *lhag-bcas.*
3. Tib., *shin-sbyangs.*
4. Tib., *bying-ba.*
5. Tib., *rgod-pa.*
6. Tib., *byang-chub yan-lag.*
7. Tib., *'khor-lo rin-po-che.*
8. Tib., *rta-mchog rin-po-che.*
9. Tib., *mngon-par shes-pa.*
10. Tib., *nor-bu rin-po-che.*
11. Tib., *btzun-mo rin-po-che.*
12. Tib., *khyim-bdag rin-po-che.*
13. Tib., *blon-po rin-po-che.*
14. Tib., *zhi-gnas:* literalmente, "estado tranqüilo ou quiescente".
15. Tib., *lhag-mthong:* literalmente, insight.
16. Cf. verso 41.
17. Tib., *lung ma-bstan-pa'i lta-ba bcu-bzhi.*
18. Vide Capítulo 1, nota 1.
19. Os doze elos da originação dependente são (1) ignorância (tib., *ma-rig-pa*); (2) processos de composição (*'du-byed*), que no contexto se referem a carma; (3) consciência (*rnam-par shes-pa*); (4) nome e forma (*ming-dang gzugs*); (5) as seis faculdades (*skye-mched drug*); (6) contato (*reg-pa*); (7) sensação (*tsor-ba*); (8) desejo (*sred-pa*); (9) apego (*len-pa*); (10) existência (*srid-pa*); (11) nascimento (*skye-ba*); e (12) envelhecimento e morte (*rga-shi*).
20. Tib., *bsod-nams, bsod-nams ma-yin-pa* e *mi-g,yo-ba'i las:* carma que projeta nascimento, respectivamente, nos estados aprazíveis do Reino dos Desejos, nos estados maléficos e em um estado dos dois reinos superiores.

21. Tib., *'byung-ba bzhi* e *'byung-ba-las gyur-ba*: os "quatro elementos": terra, água, fogo e ar, e seus "produtos", os cinco objetos dos sentidos.
22. Os doze elos podem ser divididos em cinco elos causais (ignorância, processos de composição, desejo, apego e existência) e sete elos resultantes (aqueles que vão da consciência à sensação, o nascimento e o envelhecimento e morte).
23. Vide comentário ao verso 27.
24. Cf. o "Corpo do Darma", verso 8.
25. Tib., respectivamente (1) *yang-dag-pa'i lta-ba*, (2) *yang-dag-pa'i rtog-pa*, (3) *yang-dag-pa'i ngag*, (4) *yang-dag-pa'i las-kyi mtha'*, (5) *yang-dag-pa'i 'tso-ba*, (6) *yang-dag-pa'i rtzol-ba*, (7) *yang-dag-pa'i dran-pa*, e (8) *yang-dag-pa'i ting-nge-'dzin.*
26. Tib., *sgom-lam*
27. Tib., *nye-ba'i nyon-mongs.*
28. Estes três primeiros são agrupados como os "antídotos".

Capítulo 6. Prosseguimento no caminho Mahayana, juntamente com seu resultado

1. Tib., *gzungs.*
2. Composto exclusivamente por *Bodhisattvas Āryas.*
3. Tib., 'Od dpag-tu med-pa.
4. Tib., bDe-ba can.
5. Vide verso 49.
6. Tib., *Don gsal-ba.*

Versos à Guisa de Prefácio

I. Recomendação para Ouvir (estrofes 1-3)

II. A Instrução em Si (est. 4-123)

a) Recomendações Gerais Quanto às Práticas Virtuosas (est. 4-64)

Recomendações gerais tanto para pais de família quanto para aqueles que deixaram a vida em família (est. 4-8)

1. As seis lembranças (est. 4)
   - Buda
   - Dharma
   - *Saṇgha*
   - Generosidade
   - Moralidade
   - Deuses
2. Os dez caminhos (est. 5-7)
3. As seis *pāramitās* (est. 8)
   - Liberalidade
   - Moralidade
   - Paciência
   - Esforço
   - Meditação
   - Sabedoria

Instrução dirigida principalmente a pais de família (est. 9-37)

1. Respeito a pai e mãe (est. 9)
2. Observância de *upavāsa* (est. 10-11)
   - Compromisso de se abster de causar mal aos outros
   - Compromisso de se abster de causar mal a si próprio e aos outros
   - Preservação dos preceitos contra corrupção
   - Conservação de presença mental e consciência
   - Impedir que a memória se torne turva
3. Abstenção de atitudes incorretas (est. 12)
4. Prática da presença mental (est. 13-14)
5. Prática da paciência (est. 15-16)

6. Abstenção de conduta indecorosa (est. 17-19)
7. Escolha de companhia correta (est. 20)
8. Abstenção de desejo pela esposa de outrem (est. 21-35)
   O método de supressão (est. 21-27)
      Modificação da concepção (est. 21)
      A vigilância da mente e contenção dos sentidos (est. 22-24)
      A contemplação dos defeitos do objeto desejado e da mente que deseja (est. 25-26)
   A abstenção das sementes do desejo (est. 27-35)
      O método em si (est. 27)
      Louvor à sabedoria e à moralidade (est. 28)
      Abandono dos darmas mundanos (est. 29-31)
      As sete riquezas (est. 32)
      Evitando os impedimentos às riquezas dos *Āryas* (est. 33)
      Permanência em estado de contentamento (est. 34-35)
9. Como tomar uma esposa apropriada (est. 36-37)

Instrução tanto para pais de família quanto para aqueles que deixaram a vida em família, sobre o cultivo dos estados elevados e da suprema beatitude (est. 38-64)

1. O dharma comum a ambas as metas (est. 38-44)
   Controle da quantidade da comida (est. 38)
   O sono apenas no período intermediário da noite (est. 39)
   Meditação sobre as quatro qualidades incomensuráveis (est. 40)
   Os quatro *dhyānas* (est. 41)
   A gravidade relativa do carma (est. 42-43)
   Os cinco obstáculos (est. 44)
2. A busca da suprema beatitude (est. 45-54)
   Os cinco poderes e as cinco forças (est. 45)
   Presunção (est. 46)
   A visão correta (est. 47-54)
   (a) Breve apresentação (est. 47)

(b) A explicação extensa (est. 48-54)
- Meditação sobre as quatro lembranças bem estabelecidas (est. 48)
- Lembrança da ausência de natureza intrínseca (est. 49-50)
- Abstenção das três cadeias (est. 51)
- Praticando os três treinamentos (est. 52-53)
- Lembrança das circunstâncias do corpo (est. 54)

3. Utilização plena da forma humana (est. 55-64)
   - Supressão do apego ao corpo (est. 55-58)
   - Contemplação da dificuldade em conseguir uma vida de oportunidade e ventura (est. 59-60)
   - Conselho ao Rei em particular (est. 61-64)

b) Cultivo da Aversão ao Samsara através da Contemplação de seus Defeitos (est. 65-103)

Apresentação breve (est. 65) e por extenso (est. 66-102)

1. O defeito de ser destituído de certeza (est. 66)
2. O defeito de nunca estar satisfeito (est. 67)
3. O defeito de se desfazer do corpo vez após outra (est. 68, 1ª parte)
4. O defeito de ser concebido vez após outra (est. 68, 2ª parte)
5. O defeito de se oscilar continuamente entre estados elevados e inferiores (est. 69-75)
6. O defeito de não ter companheiros (est. 76)
7. O sofrimento específico dos cinco tipos de seres (est. 77-102)
   - O sofrimento dos infernos (est. 77-88)
   - O sofrimento dos animais (est. 89-90)
   - O sofrimento dos fantasmas famintos (*pretas*) (est. 91 97)
   - O sofrimento dos deuses (est. 98-101)
   - O sofrimento dos semideuses (*asuras*) (est. 102)

Conclusão (est. 103)

c) Prosseguimento no Caminho após a Contemplação das Virtudes do Nirvana (est. 104-123)

Aquilo que é comum a todos os veículos (est. 104-118)

1. Ilustração das virtudes que tornam o nirvana um objeto a ser alcançado (est. 104-105)
2. Instrução para a busca do conjunto de causas do nirvana (est. 106-108)

Os sete braços da iluminação (est. 106)

A união de *śamathā* e *vipaśyanā* (est. 107)

O abandono dos temas não-dignos de consideração, e a busca da compreensão da originação dependente (est. 108-112)

O caminho óctuplo do *ārya* (est. 113)

As quatro verdades *ārya* (est. 114 - est. 115, dois primeiros versos)

Algumas palavras de encorajamento (est. 115, dois últimos versos)

Prosseguimento no caminho Mahayana juntamente com seu resultado (est. 119-123)

1. Atividades do caminho (est. 119-121)
2. O resultado do caminho (est. 122-123)

ÍNDICE REMISSIVO

GLOSSÁRIO DE TERMOS SÂNSCRITOS

Não explicados no corpo do texto

Elaborado especialmente para esta edição em português, com base no *A Sanskrit-English Dictionary - Etymologically and Philologically Arranged,* Sir M. Monier-Williams, Motilal Banarsidass, Nova Deli, 1979; *A Practical Sanskrit Dictionary,* Arthur Anthony MacDonell, Oxford University Press, Oxford, 1976; *A Dictionary of Hinduism,* Margaret and James Stutley, Routledge and Kegan Paul Ltd., Londres, 1977; e *The Encyclopedia of Eastern Philosophy and Religion,* Shambala, Boston, 1989.

Ācārya: literalmente, "professor", "mestre". Nome com o qual se designa um mestre espiritual, isto é, alguém que não apenas conhece em profundidade as escrituras, mas também realizou as verdades que elas contêm.

Anātman: literalmente, "não-eu, não-essência, não-existência" (de um ser permanente ou eterno). É um dos conceitos mais importantes dentro dos ensinamentos budistas, e um dos Três Sinais (*trilakṣana*) da originação dependente ou condicionada que caracteriza todas as criaturas viventes: impermanência (*anitya*), sofrimento ou insatisfatoriedade (*duḥkha*) e não-eu (*anātman*).

Arhat: literalmente, "o meritório", "o digno", "o celebrado". Também designa um *buddha* que ainda é candidato ao nirvana. No budismo Hinayana representa o mais alto nível ao qual pode chegar um praticante, isto é, a própria iluminação. É o ideal a que aspira todo hinayanista. No budismo Mahayana esse ideal é representado pelo *bodhisattva* que, em benefício de todos os seres sencientes, renunciou ao nirvana até "ver as costas da última criatura entrando nele".

Ārya: literalmente, aquele que é respeitável, honorável ou consciencioso. Também, aquele que é fiel à religião do seu povo. Nome da raça que imigrou da Ásia Central e chegou às terras que hoje constituem a Índia. Em tempos remotos, este termo designava a primeira das três castas sociais. No budismo conservou o sentido de "nobre"; portanto, um *ārya* é aquele que recebeu os ensinamentos sobre as Quatro Nobres Verdades e vive em conformidade com elas.

Ātman: literalmente, "o alento vital", "o eu transcendental, a essência do indivíduo", "o ser imortal", "self ou si-próprio, além da máscara". Este conceito permeia todas as escolas filosóficas do hinduísmo. Entre elas, a Vedanta enfatiza a identidade de *ātman* e *Brahman* — o Ser Primordial, o Um-sem-segundo —, sendo a ignorância o maior obstáculo para se vivenciar essa identidade. No budismo nega-se a existência de *ātman,* pois não se acredita em algo que exista dentro ou fora das manifestações físicas ou mentais e que possa designar-se como independente de causas ou como natureza intrínseca.

Bhikṣu: literalmente, "mendicante", "errante", "sem lar". Termo com o qual se designa o membro do sexo masculino da comunidade budista que recebeu ordenação completa — monge. Com o desenvolvimento da comunidade e o passar dos tempos, os monges abandonaram o costume errático e tornaram-se sedentários vivendo em mosteiros.

Bodhi: da raiz *budh,* "acordar, despertar, ficar acordado". Tanto no budismo quanto no jainismo o termo designa a posse do conhecimento perfeito ou sabedoria que resulta em iluminação, isto é, compreensão absoluta da realidade tal como ela é.

Bodhisattva: literalmente, "ser iluminado". No budismo Mahayana designa aquele que, tendo alcançado o Estado de Buda, renuncia ao nirvana em benefício de todos os seres sencientes. A compaixão (*karunā*) é sua principal característica.

Dhāraṇī: originalmente, nome que se dava a um verso místico ou encantamento usado como prece para mitigar a dor. Mais tarde, e no contexto budista, passou a significar um pequeno verso contendo uma fórmula de conhecimento, cuja repetição transmite a essência de um ensinamento ou estado mental em particular. As *dhāraṇis* têm papel importante no budismo Vajrayana.

Hari: amarelo, amarelado, tonalidade pálida de amarelo; também raio de luz, a lua.

Kadhira: acácia, cuja madeira é dura e sua resina é de grandes propriedades medicinais por conter muito tanino.

Kalpa: literalmente, "ciclo do universo"ou "eras do universo". Na tradição védica fala-se de quatro períodos cósmicos *(yuga)* cuja duração corresponderia a 4.320.000 de anos humanos e que constituem um *kalpa.* No budismo, um *kalpa* abrange as quatro fases da vida do universo: o surgimento, desenvolvimento, morte e o caos subseqüente. Às vezes usa-se este termo apenas para significar um longo período de tempo.

Kimpāka: nome botânico *Strychnos nux-vomica.* Noz-vômica, árvore da família das loganiáceas, tóxica e medicinal, cujos frutos com várias sementes têm gosto desagradável pela presença de estricnina.

Kumuda: lírio-d'água branco, lugar onde há muitas destas flores.

Kuśa: capim usado para determinadas cerimônias religiosas, tanto no hinduísmo quanto no budismo. Nome botânico: *Poa cynosuroides*. Caracteriza-se por ter talos longos e macios.

Mahātma: literalmente, "grande alma", "grande ser". Título conferido, sobretudo no hinduísmo, àqueles que prestam grandes serviços à humanidade; por exemplo Gandhi era chamado o *Mahātma*. Neste texto o próprio Nagarjuna recebe este título.

Nāga: literalmente, "serpente". No budismo tem a configuração de dragão, criatura semidivina de grande bondade e compaixão. Diz-se que na primavera os *nāgas* sobem até os céus, e no inverno vivem nas profundezas da terra. Encontramos muitas referências a eles nos textos budistas tibetanos, onde aparecem como guardiões de escrituras sagradas cujo conteúdo ainda não pode ser revelado à humanidade.

Prakṛti: literalmente, "matéria", "mundo físico", "natureza". É um conceito hinduísta, que tem várias interpretações segundo a escola de pensamento que o desenvolva. Em termos gerais, *prakṛti* tem três qualidades: inércia, atividade e tensão ou harmonia, e são elas que regem todo tipo de movimento ou expressão do e no universo.

Pratimokṣa: uma parte do Vinaya-pitaka que contém as 227 normas disciplinares para os monges e as 348 para as monjas. Estas normas são recitadas por extenso nas cerimônias que se realizam em cada uma das quatro lunações. Durante estas cerimônias, chamadas *uposatha*, os monges devem confessar suas faltas ou transgressões às normas. *Uposatha* tem especial relevância no budismo Hinayana.

Pratyeka ou pratyeka-buddha: literalmente "sozinho, solitário, sem companhia"; "o desperto por si mesmo". Designa aqueles que atingiram a iluminação apenas pelo próprio esforço e compreensão dos doze elos da originação dependente (*nidāna*); contudo, ainda não chegaram à iluminação plena por falta de onisciência ou dos dez poderes que caracterizam todos os Budas. Eles consistem em: 1) conhecimento a respeito do possível e do impossível em qualquer situação; 2) conhecimento dos frutos de uma ação; 3) conhecimento das capacidades inferiores e superiores dos outros seres; 4) conhecimento das inclinações ou tendências dos outros seres; 5) conhecimento dos múltiplos constituintes do universo; 6) conhecimento dos caminhos que levam aos vários reinos de existência; 7) conhecimento sobre a geração da pureza e da impureza; 8) conhecimento sobre a contemplação, os estados meditativos, as liberações e as absorções; 9) conhecimento sobre a morte e o renascimento e 10) conhecimento sobre a extinção de toda mácula. Em termos de hierarquia espiritual, o *pratyeka* localiza-se entre os *arhats* e os Budas.

Pravārita: sem lar, isto é, sem residência ou moradia fixa. Este era um dos votos que antigamente faziam os *bhikṣus,* com o objetivo de não acumular bens que pudessem gerar apegos.

Rasāyana: elixir da vida. Pílula ou bebida alquímica que supostamente previne os desconfortos da velhice e prolonga a vida. Este termo também se usa para designar as primeiras chuvas sazonais que fertilizam a terra.

Sādhana: literalmente, "guia em direção à meta", "orientação boa", "propiciação", "adoração, devoção, oblação". No budismo Vajrayāna designa um tipo particular de texto litúrgico e a prática da meditação correspondente. Nesses textos descrevem-se as deidades e suas qualidades em detalhe, a fim de poderem ser visualizadas internamente pelo praticante que, previamente, recebeu os ensinamentos e a consagração do seu mestre.

Śālmalī: paineira. Na medicina ayurvédica, praticamente todas as partes desta árvore são usadas devido ao seu valor terapêutico.

Śamathā: literalmente "demorar-se, ficar em tranqüilidade". Esta é a primeira das práticas meditativas e seu objetivo é alcançar serenidade mental, estabilidade mental livre da agitação que provoca as paixões. *Sama* também significa paz, pacificação, final feliz, emancipação de todas as ilusões da existência.

Saṇgha ou *saṃgha:* literalmente, "multidão, grupo", "ir e vir juntos", "harmonizar, concordar, compatibilizar". No budismo designa a comunidade budista que, no passado, incluía apenas os monges, as monjas e os noviços. Hoje o termo *saṇgha* abarca também os seguidores leigos. É também uma das Três Jóias, sendo as outras duas o Buda e o Darma.

Siddha: literalmente, "perfeito, consumado". Refere-se àquele que alcançou a meta suprema da aspiração espiritual, isto é, liberação.

Siddhi: literalmente, "poder", "perfeito domínio ou destreza". Conhecido também como o poder psíquico sobrenatural capaz de realizar prodígios. No budismo Vajrayāna fala-se especificamente de oito *siddhis* ordinários ou inferiores: 1) a espada que torna invencível; 2) o elixir para os olhos que faz visíveis os deuses; 3) ligeireza no correr; 4) invisibilidade; 5) a fonte da juventude; 6) a capacidade de voar; 7) a habilidade para fabricar certas pílulas e 8) poder sobre o mundo dos espíritos e demônios.

Śramaṇa: literalmente, "realizar esforço ou ação vigorosa". Designa quem pratica atos de mortificação ou austeridade, um asceta ou monge que se exercita espiritualmente, um devoto ou religioso mendicante.

Śramaṇera: noviço, estudante ou discípulo admitido no primeiro estágio da vida monacal. Geralmente, a admissão acontece quando o aspirante é ainda criança (não menor de sete anos), e fica sob os cuidados de um *bhikṣu* ou uma *bhikṣunī* que o introduzem nos ensinamentos e princípios da ordem. Neste estágio tomam-se os votos de observar os dez preceitos morais, a saber: 1) não tirar a vida de ninguém, 2) não tomar o que não é dado, 3) não ter má conduta sexual, 4) não proferir palavras que firam, 5) abster-se de substâncias intoxicantes, 6) abster-se de ingerir alimento sólido após o meio-dia, 7) evitar música, dança, jogos e outros entretenimentos, 8) abster-se do uso de perfumes e adornos, 9) abster-se de dormir em camas altas e macias e 10) abster-se do contato com dinheiro e outros valores.

Śrāvaka: literalmente, "ouvinte, aquele que dá ouvidos", "discípulo, estudante". Nome pelo qual se designam os seguidores da escola Hinayana, em contraposição aos da Mahayana. Em sentido estrito, apenas aqueles que ouviram o Darma dos lábios do próprio Buda podem ser chamados *śrāvakas;* contudo, ligado a desenvolvimentos posteriores dentro do budismo, este termo indica aqueles que — ao contrário dos *pratyeka-buddhas* e dos *bodhisattvas* — procuram a iluminação pessoal, que somente poderão alcançar se ouvirem os ensinamentos e compreenderem as Quatro Nobres Verdades e a irrealidade última do mundo fenomênico.

Śūnyatā: de *śūnya*, "vazio, vácuo, lacuna, deserto, ermo, ausência, nada, livre de". Em sentido filosófico designa vacuidade, ausência de natureza ilusória, nadidade. É um dos conceitos mais profundos e de difícil acesso; contudo, é o eixo do budismo. Quando aplicado à realidade metafísica, indica que a razão e a linguagem lidam com o mundo finito — nada pode ser dito sobre o infinito. Quando aplicado ao mundo da experiência, indica o estado de mudança, de impermanência, de constante e inevitável transformação. Portanto, *śūnyatā* é um conceito que aponta diretamente para a realidade ou verdade última de que nada há que exista por si próprio ou que tenha uma natureza intrínseca — tudo está vazio (*śūnyatā*) de natureza intrínseca.

Upāsaka: literalmente, "aquele que se senta próximo de". Budista leigo que tomou refúgio no Buda, no Darma e na Comunidade budista (*saṇgha*), e assumiu os votos de observar os cinco preceitos: 1) não tirar a vida de ninguém, 2) não tomar o que não é dado, 3) não ter má conduta sexual, 4) não proferir palavras que firam e 5) abster-se de substâncias intoxicantes.

Upavāsa: literalmente, "jejum", "abstinência", "período de jejum". Como voto ou prática espiritual indica abstinência de toda gratificação dos sentidos proveniente de perfumes, flores, ungüentos, ornamentos, folhas de betel, música, dança etc.

Utpala: lótus azul, lírio-d'água. Na iconografia sempre está presente como base ou assento do Buda, dos *bodhisattvas* e deidades.

Tattva: literalmente, "a qualidade de ser o que é", "o estado real ou verdadeiro". É a essência da substância de todas as coisas, o elemento primordial.

Varṣa: suspensão das peregrinações durante as monções ou período de chuvas.

ESTA OBRA FOI COMPOSTA EM GARAMOND,
COM IMPRESSÃO OFF-SET EM PAPEL PÓLEN 80 GRAMAS,
NA GRÁFICA PALAS ATHENA.
JUNHO DE 1994